Soltar as muletas

CIP-BRASIL. CATALOGAÇÃO NA FONTE
SINDICATO NACIONAL DOS EDITORES DE LIVROS, RJ

M214s

Malgor, Hermann Schreck
　Soltar as muletas : um olhar diferente sobre as drogas e a adição / Hermann Schreck Malgor ; tradução María Lucía Carabajal Larrosa. – São Paulo : Summus, 2019.
　200 p.

　Tradução de: Soltar las muletas : de lo no dicho a lo no escuchado de las drogas y la adicción
　Inclui bibliografia
　ISBN 978-85-323-1124-5

　1. Drogas – Abuso – Aspectos psicológicos. 2. Drogas – Abuso – Tratamento. 3. Gestalt-terapia. I. Larrosa, María Lucía Carabajal. II. Título.

18-54499　　　　　　　　　　　　　　　　　　CDD: 362.293
　　　　　　　　　　　　　　　　　　　　　　CDU: 364.692:613.83

Meri Gleice Rodrigues de Souza - Bibliotecária CRB-7/6439

www.summus.com.br

EDITORA AFILIADA

Compre em lugar de fotocopiar.
Cada real que você dá por um livro recompensa seus autores
e os convida a produzir mais sobre o tema;
incentiva seus editores a encomendar, traduzir e publicar
outras obras sobre o assunto;
e paga aos livreiros por estocar e levar até você livros
para a sua informação e o seu entretenimento.
Cada real que você dá pela fotocópia não autorizada de um livro
financia o crime
e ajuda a matar a produção intelectual de seu país.

Soltar as muletas

Um olhar diferente sobre as drogas e a adição

HERMANN SCHRECK MALGOR

summus
editorial

Do original em língua espanhola
SOLTAR LAS MULETAS
De lo no dicho a lo no escuchado de las drogas y la adicción
Copyright © 2018 by Hermann Schreck Malgor
Direitos desta tradução adquiridos por Summus Editorial

Editora executiva: **Soraia Bini Cury**
Assistente editorial: **Michelle Campos**
Tradução: **María Lucía Carabajal Larrosa**
Revisão da tradução: **Samara dos Santos Reis**
Capa: **Alberto Mateus**
Projeto gráfico: **Crayon Editorial**
Diagramação: **Santana**
Impressão: **Sumago Gráfica Editorial**

Summus Editorial
Departamento editorial
Rua Itapicuru, 613 – 7º andar
05006-000 – São Paulo – SP
Fone: (11) 3872-3322
Fax: (11) 3872-7476
http://www.summus.com.br
e-mail: summus@summus.com.br

Atendimento ao consumidor
Summus Editorial
Fone: (11) 3865-9890

Vendas por atacado
Fone: (11) 3873-8638
Fax: (11) 3872-7476
e-mail: vendas@summus.com.br

Impresso no Brasil

Manos muy quietas caen
pesadamente en el pantalón
En las baldosas cambia
el reflejo por la emoción
Y las gotitas bajan por la cara
y salan la piel...

"Iris de morfina"
PEDRO DALTON/Buenos Muchachos

[Mãos muito quietas caem
pesadamente sobre a calça
Nos azulejos se transforma
o reflexo pela emoção
E as gotículas descem pelo rosto
e salgam a pele...]

Sumário

Prefácio 9
Apresentação 11
O boliche 15
A "vida dupla" 20
Aqui não há drogas 25
As drogas como inimigo 27
"Apenas diga não" 30
O flagelo da droga 34
Drogas e delinquência 35
Drogas são as de agora... 37
Os rapazes de antes... 41
Não se meta com as minhas drogas 45
Somos todos adictos? 49
Conhecendo o "monstro" 51
Um modelo explicativo 54
O pesado e o leve 56
Os alimentos dos deuses 59
Convivendo com a droga 64
Do consumo à adição 68
Pare de sofrer 75
Drogar-se é um prazer, maravilhoso, sensual 78
O erotismo das drogas 82
A adição sem drogas 85
A adição bem-vestida 87
O vício de querer ser outro(a) 90
Enredados 93
A nudez vestida 96
Comer ou não comer para sobreviver 98

Quando o esporte não é saúde 99
O risco da alimentação perfeita 100
Engordar como escudo 102
O papel da família 107
Os filhos da crise 110
Codependência: a adição ao outro 112
Consumo de drogas no trabalho 115
Os bêbados célebres 118
A "codependência" institucional 122
O fundo do poço 124
A violência terapêutica 127
O poder do saber e da razão 130
A cenoura 132
O direito de ser eu 134
O respeito pelos direitos humanos
  no trabalho de ajuda 137
O que lhe custa mudar? 141
Aceitar para mudar 143
Acompanhar partindo da aceitação 145
A adição como doença 153
Da culpa à responsabilidade 158
Pôr o inimigo para fora 163
Sobreviver na prisão 167
Ouvir a adição 172
O problema original 176
O naufrágio da dor 181
Quando as drogas não são o problema, mas a solução .. 186
Não é a droga, mas a gaiola 189
Epílogo 195
Referências 197

Prefácio

O uso nocivo de álcool e de outras drogas vem se tornando, nas últimas décadas, um problema endêmico de saúde pública no Brasil e no mundo, problema para o qual não parecem existir estratégias capazes de diminuir efetivamente sua incidência e seus agravos.

De acordo com o último Relatório Mundial sobre Drogas do Escritório das Nações Unidas sobre Drogas e Crime (UNODC, na sigla em inglês), cerca de 29,5 milhões de pessoas (12% dos usuários) usam drogas de forma problemática e apresentam transtornos relacionados ao consumo de substâncias – incluindo a dependência –, havendo uma incidência anual de aproximadamente 190 mil mortes prematuras devido ao seu uso no mundo. Esse mesmo relatório aponta que o custo econômico-social decorrente do uso de drogas ilícitas é de aproximadamente 1,7% do Produto Mundial Bruto, o que equivale a US$ 1,3 trilhão, mas não esclarece se esses números são decorrentes do uso de drogas, da guerra a elas ou de ambos.

Em sua etiologia, o uso nocivo de substâncias já foi compreendido de diversas formas durante a história, de perversão de caráter a problema meramente biológico. Hoje, sabe-se que é um problema multifatorial que, muito além de ideologias e partidarismos, precisa ser abordado numa multiplicidade de linhas de cuidado, articuladas e complementares – tanto em serviços de regime residencial, com promoção de ambientes livres de álcool e drogas ilícitas, quanto nos serviços de regime ambulatorial, com critérios de adesão de menor exigência, norteados pelas estratégias de redução de danos.

Lamentavelmente, uma gigantesca enxurrada de pseudoinformações assola esse meio. Donos da verdade que exageram para mais ou para menos, demonizando ou subestimando esse comportamento humano tão antigo, têm causado grande confusão naqueles que se aventuram a tentar compreender a multifatorialidade que circunda o tema.

Por esse motivo, para mim é uma grande alegria e motivo de esperança receber uma obra que consegue articular, em linguagem incrivelmente acessível, conhecimentos técnicos precisos com uma generosa dose de humanidade sem, em nenhum momento, deixar de lado a neutralidade que cunha os grandes profissionais.

Hermann escreve páginas amáveis, verdades profundas que poderiam ter sido ditas, sem nenhuma dúvida, de forma muito mais indigesta. Mas ele teve paciência conosco, leitores com verdades formadas ávidos por encontrar as confirmações de nossas teorias. O que se encontra neste livro são provocações feitas com tamanha sutileza que não cabe nenhuma reclamação, apenas reflexões.

As drogas não matam, as drogas não são o problema. Pessoas com problemas usam drogas para suportá-los, e podem morrer na tentativa de viver. Hermann deixa a droga de lado e olha para a pessoa.

Tive, até o momento, uma única oportunidade de estar pessoalmente com Hermann, mas foi suficiente para perceber que ele é dessas pessoas com as quais o tempo passa rápido demais.

Pablo Kurlander
Psicólogo, doutor em Saúde Coletiva e presidente da
Confederação Nacional de Comunidades Terapêuticas (Confenact)

Apresentação

Conheci Hermann Schreck no Primeiro Congresso Latino-Americano de Gestalt-terapia, ocorrido em Mar del Plata. Ambos havíamos apresentado trabalhos sobre adições e descobrimos que alguns dos autores que citamos e pelos quais nos encantamos eram os mesmos. Logo depois do evento, ele me enviou os escritos que estava prestes a publicar e que vieram a se tornar este livro. E a leitura do texto me emocionou a cada capítulo.

É uma perspectiva muito sensível, que traz uma visão profundamente humana e sobretudo respeitosa do que experienciam as pessoas com vínculos de adição.

Uma compreensão que vê a adição não como um problema que necessita ser eliminado, mas como um sintoma de sofrimentos com os quais a pessoa não consegue lidar de outra forma nas situações que vive, entendendo-a como um processo de "autorregulação", de "ajustamento". Não ideal evidentemente, mas aquele que tem sido possível e que muitas vezes, em suas palavras, é uma "tábua de salvação". Tábua de salvação cheia de espinhos, mas que ainda assim ajuda a pessoa a sobreviver. Em vez de considerá-la um mecanismo de autodestruição, o autor nos diz justamente o contrário: que com frequência é por meio da adição que o indivíduo consegue se manter vivo.

Hermann inicia seu livro contando que, desde criança, escutava atento e maravilhado as histórias de vida dos frequentadores do bar de seu pai – pessoas aparentemente felizes e bem-sucedidas, mas que depois de uns copos revelavam dores, tristezas, solidão –, mostrando que esse aprendizado de "ver além" está presente até hoje em sua postura e compreensão terapêutica ao lidar com pessoas que consomem drogas.

Ao longo do texto, ele dá exemplos de como essa qualidade de escuta empática o levou, como terapeuta, a tornar figura de sua atenção não a dependência química de seus clientes, mas uma perspectiva de campo, a Gestalt total da condição humana dessas pessoas em suas relações com os contextos e situações em que vivem. Hermann busca entender e acessar seus sofrimentos e oferecer um vínculo compreensivo, horizontal, de respeito e aceitação em vez de uma abordagem preconceituosa que só gera sentimentos de culpa, vergonha e exclusão.

"As pessoas não sofrem porque usam drogas", escreve. Elas "usam drogas porque sofrem".

E nisso estamos todos nós... Não há como ler este livro sem nos emocionar, sem perceber em nós mesmos ressonâncias, dando-nos conta da presença, em nossa vida, dos múltiplos e sutis mecanismos de evitação de contato com nosso eu mais profundo e com as emoções que nos atravessam solitariamente no dia a dia.

É também um texto bem informativo, que nos esclarece sobre os diversos tipos de droga existentes (tanto as lícitas como as ilícitas), traçando paralelos interessantes com mitos gregos (drogas dionisíacas, apolíneas etc.) e fazendo reflexões profundas sobre determinadas adições atuais que usualmente não nos ocorre classificar como tal.

Como outros autores contemporâneos da área, Hermann corrobora que as políticas de criminalização e de guerra às drogas – assim como a visão da abstinência como objetivo a alcançar – têm sido um fracasso, enfatizando os fatores sociais, culturais e ambientais envolvidos, bem como a função psicológica e relacional que as drogas e outros tipos de adição passam a ter.

Para o autor, confrontar esses comportamentos sem partir da aceitação redunda em fracasso. "A busca da origem desse sofrimento deve ser a premissa de todo tratamento autêntico de reabilitação de dependentes químicos."

Em suma, um trabalho belíssimo, comoventemente humano, sistêmico e gestáltico. Uma contribuição importante para os que lidam com essas questões, tanto terapeutas como pessoas em geral – pois, de alguma forma, e de maneiras diversas, todos nós buscamos formas de alívio para nossos medos, angústias e sofrimentos.

Um livro que traz para o Brasil uma abordagem inovadora, revolucionária e humana certamente de interesse tanto de Gestalt-terapeutas como de psicólogos, assistentes sociais, psiquiatras e todos aqueles interessados no trabalho com dependência às mais variadas drogas e formas de adição – seja nos Centros de Atenção Psicossocial Álcool e Drogas (Caps AD), nos programas existentes de assistência a essa população ou no atendimento individual.

SELMA CIORNAI
Psicóloga, Gestalt-terapeuta, autora do texto "Um olhar gestáltico para adições: conexões e desconexões", publicado no livro *Questões do humano na contemporaneidade: olhares gestálticos* (Summus, 2017)

O boliche

Durante anos tentei entender por que tinha escolhido a psicologia como profissão e ofício.

Também não compreendia bem o que me motivara a me especializar na ajuda aos adictos.

Talvez a resposta a ambas as inquietudes esteja na origem da minha vida.

Nasci e cresci num "boliche"[1].

Meu avô, Ludwig (senhor Luís), foi um imigrante alemão que chegou à América do Sul no período entreguerras e, depois de trabalhar na construção e em um pequeno empreendimento no campo, se estabeleceu na cidade de Paysandú, Uruguai.

Junto com minha avó Catalina (dona Cata), fundou o bar El Múnich, uma modesta cervejaria que, com o decorrer do tempo, transformou-se num oásis para as noites quentes de Paysandú.

O chope, tirado de uma chopeira de última geração à época, permanece até hoje como uma fresca lembrança na memória dos *sanduceros*[2].

A tradição cervejeira foi continuada pelo meu pai, Osvaldo (Buby), e por minha mãe, Gladys.

No início dos anos 1970, o El Múnich mudou-se para uma construção maior e se tornou Cervejaria Múnich, oferecendo outras opções gastronômicas e a mesma tradição cervejeira.

Nessa nova locação, cuja inauguração coincidiu com meu primeiro aniversário, transcorreu minha infância e parte de minha adolescência, junto com minha irmã mais nova, Anna Karinna (a gringa).

---
1. Nome coloquial e carinhoso pelo qual os bares são conhecidos no Uruguai.
2. Nome atribuído àqueles que nascem na cidade de Paysandú, Uruguai.

Quando tive idade suficiente, comecei a ajudar meus pais nas tarefas do "boliche".

Lavar os copos, encher as geladeiras de bebida, varrer o chão e levar os pedidos às mesas eram parte de um jogo para mim.

Tudo parecia indicar que meu destino era compor a terceira geração de "bolicheros".

Mas o que eu mais apreciava, aquilo que adorava fazer não era o trabalho no bar. Era algo que hoje lembro com uma mistura de doçura e gratidão.

À noite, o El Múnich era um restaurante e pizzaria frequentado por famílias inteiras, compondo um ambiente barulhento, divertido e descontraído.

Porém, ao meio-dia, tornava-se um clássico "boliche".

Homens sozinhos, grupos de amigos e os *habitués* que durante anos sustentavam o balcão com os cotovelos e trocavam anedotas e experiências.

Um ambiente duro, masculino e com um clima de respeito e boas maneiras que meu pai se encarregava de manter.

Reuniam-se trabalhadores das numerosas fábricas que ainda hoje tentam sobreviver em minha cidade.

Motoristas de caminhão em plena safra da beterraba usada para produzir açúcar.

Patrões e empregados do campo que vinham à cidade fazer negócio.

Empresários, políticos e os mais diversos personagens que habitualmente se encontravam e socializavam enquanto compartilhavam uma bebida.

Nunca faltavam estrangeiros – tanto aqueles que passavam pela cidade como aqueles que ali se estabeleciam para trabalhar.

Meu pai falava alemão fluentemente; assim, era comum ter visitantes alemães que buscavam uma cerveja e uma conversa amigável em sua língua nativa.

O balcão que separava (e unia) meu pai de seus fregueses era de madeira e fórmica. Tinha a forma de L, e até hoje mantenho na memória seu cheiro doce e leve.

No "boliche", aprendi muito sobre as adições e as razões pelas quais as pessoas procuravam todo tipo de embriaguez.

Conheci indivíduos bem-sucedidos e felizes que, depois de alguns copos, e com a confiança transmitida por meu pai, mostravam seu verdadeiro rosto de tristeza, dor e solidão.

Pessoas que, naquele lugar, sentiam-se um pouco menos solitárias e encontravam alguém que os ouvia atenciosa e calorosamente.

Ao voltar da escola, eu chegava ao "boliche" e ajudava meu pai com o que fosse necessário.

E, quando tinha tempo livre, dispunha-me a essa experiência que me fascinava e sem dúvida orientou minha opção profissional.

Em silêncio, sem que minha presença se notasse, eu me posicionava no L do balcão e me punha a ouvir os fregueses que, a poucos metros, apreciavam um drinque, comiam salsichão e trocavam maravilhosas histórias de vida.

O amor, o desamor, o sucesso e o fracasso transitavam pelas anedotas e histórias que os fregueses contavam, sem prestar atenção a um gordinho loirinho que, de seu lugar de observação estratégico, os escutava atenciosamente.

E não somente escutava.

Amei mulheres que nunca conheci.

Sofri desilusões em amores dos quais nunca tomei parte.

Percorri países nos quais nunca estive.

Fui bem-sucedido e logo entrei em falência por negócios que nunca empreendi.

Viajava, sofria, amava, chorava e ria com cada história.

Mas sem que ninguém me notasse.

E, acima de tudo, aprendia sobre a vida com o que ouvia.

Há pouco tempo percebi que hoje continuo fazendo o mesmo.

Minha paixão por adquirir conhecimento por meio da vida de outras pessoas me acompanha e estimula na profissão de psicólogo.

Certa tarde no boliche, quando tentava minha licenciatura na Universidad de la República, meu pai me disse: "Eu também sou um pouco psicólogo".

Claro que ele era.

Às vezes, penso que nós, psicólogos, também ocupamos hoje o lugar que os *bolicheros* deixam vago, já que é uma raça que tende a desaparecer. Não me refiro aos gerentes e donos de bares e restaurantes, mas aos que sustentam o balcão e seus fregueses utilizando o ouvido e a empatia.

As rudezas do ofício e a insistência de minha mãe para que eu tivesse uma carreira universitária me compeliram ao estudo e a não continuar com a tradição familiar.

Hoje, o *El Múnich* já não existe.

Sua lembrança permanece nas inúmeras pessoas que se aproximaram para compartilhar comigo as histórias e os sabores daqueles tempos.

Dessa época da minha vida também se mantém a paixão por conhecer as pessoas, saber da vida delas, acompanhá-las em suas tristezas e alegrias e, principalmente, aprender com elas.

Convido você a pensar sobre as drogas e sobre quem as consome com um olhar amoroso e sem preconceitos.

Sei que não é fácil, pois se trata de um assunto que instiga paixões, medos e nos faz encarar nossa maneira de relacionar-nos com as drogas e com a vida.

Por isso, o desafio deste livro é pôr em jogo outras vozes, para não continuar repetindo discursos rigorosos, moralistas, preconceituosos e focados nas drogas.

Espero que estes escritos sejam um aporte à discussão e ao entendimento sobre o tema e um aliado para os que se dedicam à tarefa de acompanhar os dependentes de drogas.

Neste livro, renunciei à profundidade conceitual e à linguagem técnica para buscar uma perspectiva humana.

Todas as histórias que compartilho são verdadeiras. Troquei nomes, lugares e circunstâncias apenas quando considerei necessário fazê-lo, a fim de proteger a identidade de seus protagonistas.

Convido a todos a se aproximar de uma nova maneira de ver e sentir os usuários de drogas e aqueles que desenvolveram qualquer tipo de vício, tanto no que se refere a substâncias quanto a condutas.

Proponho-lhe algo que reconheço ser muito difícil.

Que deixe de lado suas certezas e suas seguranças.

Que tire seu olhar da substância que afeta seu amigo, seu pai, sua mãe, seu irmão ou seu(sua) parceiro(a).

Que se disponha a ver aquilo que há além da droga.

A "vida dupla"

Durante muitos anos tive uma vida dupla.
Não me sinto orgulhoso disso, mas foi o melhor que pude fazer.

Meu caminho pessoal no tema das drogas começou em 1991, num evento acadêmico em que tive o privilégio de conhecer profissionais que trabalhavam como verdadeiros pioneiros na prevenção e no tratamento de dependentes químicos.

Aproximei-me deles e, depois de uma breve conversa, convidaram-me a conhecer a instituição na qual trabalhavam.

De início, senti curiosidade por um assunto que, à época, compunha um mundo oculto, misterioso e cheio de perigos.

Não se falava das drogas – muito menos nas cidades do interior do Uruguai.

Profissionais como Gustavo Forselledo, Virginia Esmoris, Graciela Curbelo e, especialmente, o dr. Fredy da Silva[3] foram fundamentais na minha aproximação à temática das drogas e da adição.

Além de ser um reconhecido docente universitário e referência nacional no assunto das adições, foi o dr. Fredy quem primeiro me mostrou um livro sobre Gestalt-terapia[4], que chegou às minhas mãos no primeiro ano da faculdade.

Por vários anos, Fredy foi um importante modelo para mim, não só por sua proficiência no assunto das drogas como por sua afinidade com a Gestalt.

---

3. Psiquiatra, especialista em adições, escritor e docente universitário com longa trajetória no país e no exterior.
4. Incluída nas terapias humanistas, é filha (rebelde) da psicanálise e tem sido nutrida pelas mais diversas correntes do pensamento e disciplinas. Fritz Perls, Laura Perls e Paul Goodman foram os principais criadores dessa abordagem, cuja proposta terapêutica não se centra na doença, mas em gerar saúde diante das possibilidades e riquezas do ser humano.

Sua generosidade o levou a emprestar-me seu consultório e a enviar a mim meus primeiros pacientes quando comecei o caminho na clínica.

No início dos anos 1990, no Uruguai, aqueles que se dedicavam ao assunto drogas eram muito poucos.

Naquela época, o paradigma da *guerra contra as drogas* dominava a mente e o olhar dos profissionais da área.

Preocupava-nos o consumo de *solventes voláteis*[5] por crianças e jovens em situação de rua. A imagem de crianças cheirando cola nas esquinas era uma amostra do que logo viveríamos com a "pasta base" ou "el paco"[6].

Era a droga de maior preocupação social e visibilidade nos meios de comunicação.

Quando comecei a me dedicar ao tratamento da adição, o fiz por meio de um paradigma dominante naquela época. Toda informação a que eu tinha acesso provinha da mesma raiz conceitual e majoritariamente da mesma parte do mundo. A maioria dos livros e trabalhos científicos em que nos baseávamos provinha dos Estados Unidos, que nesse tempo liderava a *guerra contra as drogas* de maneira global.

As atividades de formação técnica, as capacitações e as associações clínicas sobre o assunto me propunham ser parte de um "exército" que, do ponto de vista da saúde, enfrentava um "flagelo que destroçava nossa juventude".

Nessa época também comecei minha formação em Gestalt-terapia, pelas mãos de Leonardo Aronovitz[7] (meu psicoterapeuta nessa época), Alejandro Spangenberg[8] e de um

---

5. Qualquer produto que contenha acetatos, benzenos, clorofórmio, éter e outras substâncias que podem ser utilizadas como drogas.
6. Cocaína fumável de baixo custo frequentemente associada à população mais pobre.
7. Médico, psicoterapeuta e escritor.
8. Psicólogo e Gestalt-terapeuta. Pioneiro da Gestalt-terapia no Uruguai. Xamã e difusor do "Camino Rojo" – baseado em ensinamentos ancestrais – no Uruguai e na América Latina. Autor de vários livros.

maravilhoso grupo de docentes do Centro Gestáltico de Montevidéu.

Quanto mais eu ia adentrando o mundo da Gestalt, mais difícil era trabalhar com dependentes químicos. Eu sentia que não podia trabalhar *gestalticamente* com os que desenvolveram uma adição sem um questionamento profundo, doloroso e incerto desse paradigma no qual tinha me formado e que sustentava minha prática.

Lembro-me de uma conversa durante um almoço com Alejandro Spangenberg. Na ocasião, eu cursava a pós-graduação e perguntei-lhe como trabalhava com a Gestalt diante de casos de adição.

Olhando para o horizonte e cofiando a barba, ele pensou, me olhou e respondeu: "A Gestalt aborda a adição como qualquer outro sofrimento de que padecem as pessoas".

Minha primeira sensação, ao ouvir essas palavras, foi de desilusão. "Como assim, qualquer sofrimento?", perguntei-me em silêncio.

Uma hipótese que me veio à cabeça foi a de que, como a história da Gestalt-terapia (à semelhança das demais correntes psicológicas) está muito relacionada com o consumo de substâncias, com certeza seus teóricos não haviam se ocupado do assunto.

Agora percebo que a resposta do Alejandro foi muito certeira.

Talvez a adição não seja o problema a abordar. Talvez seja necessário enxergar o *sofrimento* das pessoas.

Quanto mais eu indagava, sentia que menos respostas obtinha. A sensação era de que à Gestalt-terapia não interessava a adição como matéria de estudo.

Com tantas dúvidas e incertezas, o abismo entre minha prática profissional incipiente com dependentes e minha formação gestáltica se torna intransponível.

Eu sentia que devia escolher: *a Gestalt ou as drogas* (como âmbito de desenvolvimento profissional, claro).

Abandonei o trabalho com dependentes químicos e durante muito tempo me dediquei à docência na área da Gestalt-terapia.

Mas, como dizem por aí, é difícil *sair das drogas*. Quando vi, estava de novo falando do assunto e ligado profissionalmente à dependência de substâncias.

Era outro século, no começo dos anos 2000. Dediquei-me mais uma vez ao desafio.

Mas dessa vez não queria ter uma *vida dupla*.

Teimosamente embarquei na busca de uma maneira gestáltica de olhar a adição. Fui procurando, pesquisando, perguntando e conhecendo referências gestálticas que abordavam o tratamento da adição.

Os aportes teóricos dos mestres e as experiências de Gestalt-terapeutas em distintas partes do mundo me permitiram abandonar o paradigma no qual eu havia me formado e abrir-me a um novo entendimento.

Senti a necessidade de procurar e desenvolver ferramentas para a construção de um vínculo terapêutico respeitoso e autêntico com aqueles que estabelecem vínculos aditivos com substâncias, condutas e/ou pessoas.

Claro que transitei por essa mudança de paradigma com muito medo, aborrecimentos e dúvidas. Mas com a certeza de que estava sendo *mais eu*, que podia alcançar uma integração para ajudar outras pessoas a mudar sua relação com as drogas de modo gestáltico.

Graças a uma Gestalt-terapeuta madrilena, Ros Bazan[9], fiz contato com uma organização que, partindo do enfoque gestáltico e há mais de 30 anos, oferece tratamento e reabilitação a dependentes químicos.

---

9. Diretora do Centro Gestáltico Los Pinos de Madri e Palência, terapeuta corporal, Gestalt-terapeuta e especialista em psicoterapia integrativa.

Assim, em 2013 viajei a Cartagena (Espanha) para conhecer o professor Diego Cruzado Beriguistain, presidente do Coletivo "La Huertecica"[10], e a experiência da instituição na intervenção psicossocial.

Graças a seu convite, passei vários dias aprendendo e conhecendo profissionais maravilhosos, com os quais até hoje mantenho laços de amizade e trocas profissionais.

Diego, María, Alfonsi, María José, Manuel, Leyre, Juana, Cuqui, Azucena, Carmen, Cristina, Cere, Vanesa e Inoa são parte de um grupo maravilhoso de profissionais que me permitiram experimentar *ao vivo e em tempo real* uma maneira diferente de acompanhar os dependentes químicos.

A fim de trabalhar com dependentes químicos e com consumidores problemáticos de drogas partindo da Gestalt-terapia, tive de rever meus preconceitos e desaprender grande parte do caminho que eu havia percorrido.

Como parte de meu aprendizado, hoje me dedico a ministrar cursos e seminários com o objetivo de compartilhar conhecimento e exercitar as habilidades necessárias àqueles que almejam trabalhar com dependentes químicos.

Com minha querida colega e companheira de jornada, a psicóloga Norma Martínez Gemer[11], venho me dedicando à tarefa de transmitir um olhar gestáltico e a acompanhar os profissionais na procura de uma maneira amorosa, respeitosa e diferente de ver as drogas e os seus usuários.

Minha maneira de ver e entender a dependência e os dependentes que dela padecem mudou.

Deixei de lutar.

Hoje escolho deixar de lado a *guerra* e ajudar com o *amor* e a *aceitação*.

---

10. Lahuertecica.com.
11. Psicóloga e especialista em adições. Docente de cursos e seminários. Diretora do Departamento de Vínculos Aditivos da Associação Gestáltica do Uruguai.

Aqui não há drogas

"Não pense em trabalhar com drogas, porque aqui elas não existem. Além disso, você vai perder clientes, pois ninguém vai querer ir a um psicólogo que atende dependentes químicos."

Com esse conselho, um amigo quis ajudar-me em minha inserção profissional quando retornei à minha cidade natal, Paysandú, no ano de 1998.

É uma frase que reflete muito bem a maneira de pensar e de sentir de uma cidade do interior do meu país naquela época (e talvez nesta também).

Todos temos ou tivemos alguma relação com as drogas. Por sermos consumidores ou por ter contato com alguém que as consome. Um avô ou um pai alcoólatra e violento. Uma mãe fumante com tosse recorrente. Uma irmã ou irmão usuário de drogas que rejeita qualquer ajuda. Essas são só algumas das situações frequentes que tiram a neutralidade do tema.

É que o assunto "drogas" não é neutro. Não deixa ninguém impassível. É uma temática que desperta opiniões e paixões, medos e ansiedades, vontade de agir e uma profunda impotência.

Alguns dizem ter "a solução".

Um político uruguaio disse em plena campanha eleitoral: "Para combater as drogas é preciso investir mais no esporte, porque esporte é saúde".

Também já ouvi propostas mais ousadas, como a de *instrução militar para consumidores de pasta base*.

Ao mesmo tempo, as frases "É uma batalha perdida" ou "Não se pode fazer nada" se intercalam com soluções mágicas.

Hoje, avançamos muito na compreensão e desmistificação dessa temática tão complexa e de tamanha sensibilidade social, com tantas implicâncias pessoais e familiares.

Ainda nesse novo cenário, não falta quem leia nestas linhas uma apologia ao consumo de drogas ou me considere um promotor de condutas autodestrutivas nos jovens.

Isso já me aconteceu e voltará a ocorrer.

Afinal, nesse e em outros assuntos, as posturas polarizadas e radicais são abraçadas partindo-se da necessidade de ter uma posição que, magicamente, nos livre de todo o mal.

As drogas como inimigo

Alguns anos atrás, ouvi falar de um livro que estava revolucionando nossas ideias sobre a *guerra contra as drogas*. Sua premissa era a seguinte: "Tudo que você pensa saber sobre a adição está errado".

Na fissura (2018), escrito por Johann Hari[12], é uma investigação jornalística que compila entrevistas e pesquisas.

O autor mostra um rosto pouco visível do paradigma que até o momento impera no jeito de ver as drogas e quem as consome.

Com esse livro em mãos, senti uma espécie de confirmação de várias ideias que eu compartilhava em meu curso e me deram maior confiança no processo de mudança de paradigma pelo qual eu transitava.

Hari situa o começo dessa guerra nos Estados Unidos dos anos 1930.

Como diretor da recém-criada Agência Nacional Antidrogas, Harry Anslinger[13] perseguia os dependentes químicos.

Uma de suas frases "célebres" reflete sua maneira de pensar as drogas e seus efeitos:

> Há 100 mil consumidores de maconha nos Estados Unidos. A maioria deles é composta de negros, hispânicos, filipinos e artistas. Sua música satânica, o jazz e o suingue são consequência do uso da maconha. Esta leva mulheres brancas a procurar ter relações sexuais com negros, artistas e outros.

---

12. O suíço-britânico Johann Eduard Hari, nascido em 21 de janeiro de 1979, é escritor e jornalista.
13. Harry Jacob Anslinger (1892-1975) dirigiu o Ministério da Fazenda americano e criou a Agência Nacional Antidrogas. Defendeu a proibição e a criminalização das drogas e teve papel importante na proibição da maconha.

Lamentavelmente essas afirmações não estão muito distantes de alguns argumentos que temos ouvido nos últimos anos.

Em 17 de junho de 1971, o então presidente dos Estados Unidos, Richard Nixon, usou pela primeira vez o termo *guerra contra as drogas*. "O abuso das drogas é o inimigo número um dos Estados Unidos", discursou.

Porém, um de seus principais assessores, Milton Friedman[14], sentiu que estava a ponto de assistir a um *filme já conhecido... Um filme de terror*. Ele se lembrou de sua experiência como estudante de Economia, logo que se mudou para Chicago, em 1932.

A cidade ainda se recuperava dos efeitos da Lei Seca – proibição de vender bebidas alcoólicas vigente nos Estados Unidos entre 16 de janeiro de 1920 e 5 de dezembro de 1933 – e dos graves danos que ela provocara.

Quarenta anos depois, Friedman sentiu medo de que o governo do seu país cometesse os mesmos erros do passado. Assim, fez uma série de previsões a fim de alertar aqueles que propunham uma nova guerra contra as drogas:

– A demanda de drogas não será impedida pelas leis.

– As drogas se transformarão num "fruto proibido", o que aumentará seu interesse, especialmente entre os jovens.

– As organizações criminosas verão um mercado lucrativo na venda de drogas ilícitas, já que as pessoas que desejarem obter drogas terão de recorrer aos traficantes, com todos os riscos que isso implica.

– Ao ter o monopólio do mercado de drogas, os bandidos poderão controlar o preço e a qualidade do produto.

---

14. De origem judaica, o americano Milton Friedman era estatístico, economista e professor da Universidade de Chicago. Considerado o "pai do neoliberalismo", recebeu o Prêmio Nobel de Economia em 1976.

– Como toda mercadoria, os fabricantes procurarão "melhorar" seu produto criando substâncias mais potentes, embora mais tóxicas.

– Os consumidores, considerados "delinquentes", não terão muitas oportunidades de receber ajuda no que se refere a problemas de saúde associados ao consumo. Ao ser vistos como foras da lei, alguns estariam dispostos a não respeitar outras normas que regem a vida em sociedade.

– Como se trata de um mercado extremamente lucrativo e com muito dinheiro em jogo, crescerá a probabilidade de que atores políticos, de segurança e judiciários sejam corrompidos.

– Aumentará drasticamente a quantidade de pessoas processadas e presas por delitos que antes não existiam.

– O montante investido em prisões e no combate ao crime será cada vez maior, retirando recursos da saúde e da assistência social.

– Crescerá a taxa de crimes violentos nos Estados Unidos, bem como a globalização da produção e do tráfico de drogas.

Como conclusão e advertência, Friedman vaticinou que *a guerra contra as drogas jamais poderá ser vencida e trará mais problemas que soluções.*

"Apenas diga não"

Em 1982, durante um discurso radiofônico dirigido à nação sobre a política nacional antidrogas, Ronald Reagan[15] reafirmou a gravidade da "epidemia das drogas" e a descreveu como um "vírus especialmente perverso da delinquência". Essa frase sem dúvida imprimiu uma imagem e um entendimento sobre as drogas que ainda permanece na mente de muitas pessoas.

Se nos situarmos historicamente, veremos que esses anos coincidem com a queda do Muro de Berlim, símbolo da derrocada do modelo comunista.

Assim como o Muro, a União das Repúblicas Socialistas Soviéticas se desmanchava, e a "ameaça vermelha" já não era tão real.

A indústria armamentista perdia clientes e milhares de dólares, e a mão de obra alocada no setor bélico corria o risco de ficar sem trabalho.

Impunha-se a busca de um novo inimigo.

Se algum leitor pensa que o que escrevi até aqui é fruto de uma postura "conspiranoica", basta observar que a busca de um inimigo é uma estratégia usada até hoje por nossos vizinhos do norte.

Para reverter essa crise, elevou-se "a droga" à maior ameaça mundial, que tenta "perverter e destruir nossos filhos".

Nessa "cruzada contra as drogas", se investem milhares de dólares, se espiona e se intervém em países "suspeitos".

Outros são diretamente invadidos em prol da busca do inimigo.

Caem governos e se "libertam" países do "temível flagelo".

---

15. Ronald Wilson Reagan (6 de fevereiro de 1911 - 5 de junho de 2004) foi presidente dos Estados Unidos entre 1981 e 1989.

Lembremos a chamada *Operation Just Cause* (Operação Causa Justa), cujo objetivo foi expulsar do poder e prender o então presidente de Panamá, o general Noriega.

Uma lembrança de minha juventude é ter ouvido ao vivo, pelo rádio, essa invasão, que deixou como saldo entre 2 mil e 6 mil mortos. Majoritariamente, civis.

O enfoque militar e libertador que se refletiu na angariação de fundos e recursos militares foi mantido por uma campanha de propaganda e de pretensa ação social com o lema **"Just say no" – "Apenas diga não"**.

Nancy Reagan, esposa do então presidente dos Estados Unidos, foi a imagem da campanha em nível global, elegendo como "inimigos" as drogas e o narcotráfico.

Em várias peças publicitárias, a primeira-dama assim se expressou:

"Os narcotraficantes são engenhosos; trabalham todos os dias para traçar uma maneira nova e melhor de roubar a vida de nossos filhos..."

"Pelo bem de nossos filhos, imploro que sejam severos e inflexíveis em nossa oposição às drogas."

A famosa frase "Apenas diga não" foi o emblema de uma campanha contra "as drogas" em nível global.

Milhares de dólares são destinados ao combate ao narcotráfico e "à droga", tal como previu Milton Friedman.

Mas, além de seu duvidoso propósito de incidir positivamente na saúde e no bem-estar das pessoas, essa campanha tem gerado uma conceituação absurda, ilógica e superficial do fenômeno das drogas.

A frase "Apenas diga não" propõe o diálogo entre um sujeito (o consumidor) e um objeto (a droga), o qual é evidentemente impossível. Não podemos dialogar com um objeto e muito menos esperar que este reaja diante de nossas palavras. Seria como sugerir a obesos e hipertensos que "Apenas digam não às batatas fritas", objetivando assim uma melhora em sua qualidade de vida.

Além disso, a palavra *apenas* denota uma simplicidade e uma facilidade para a mudança que não são reais.

Pode-se observar nessa frase o pragmatismo e a obediência esperada perante uma ordem, claro reflexo do pensamento militarista.

Qualquer usuário de drogas pode explicar que não há nada de simples em se recuperar de um vínculo de dependência.

No caso dos consumidores que deparam com as drogas pela primeira vez, tampouco é fácil "apenas dizer não". O prazer das novas experiências, do proibido, as pressões dos pares e o consumo como resposta prevalente aos modelos culturais impostos pela mídia e pela educação fazem do consumo de drogas um valor em si mesmo.

Porém, talvez a guerra contra as drogas não tenha sido um erro de cálculo ou uma política equivocada.

Autores como Hari afirmam que se trata de uma estratégia bem-sucedida levada adiante por grupos de poder econômico e político que, ocultos nas sombras, participam da indústria das drogas e alcançam astronômicos benefícios econômicos e de poder.

Dessa perspectiva, "a luta contra as drogas" pode ser entendida com uma estratégia de mercado da qual, por medo e/ou desconhecimento, temos sido porta-vozes e cúmplices.

Disse "temos sido" porque eu também repeti discursos baseados em antigos paradigmas e discriminei pessoas por consumir drogas. Eu as via com preconceito, com medo, e as "ajudei" partindo de um discurso respaldado pela "academia" e que, longe de ajudar, culpa e discrimina.

Baseei meu pensamento na ideia do "diga não às drogas" e o repeti durante muitos anos de exercício profissional. Ainda estudante, e nas primeiras aproximações com quem trabalha com consumidores de drogas, a ideia central era a de que o "problema das drogas" era "as drogas".

No meu novo entendimento do "problema das drogas", fica claro que a "luta" contra esse "flagelo" é um caminho conceitualmente insustentável e evidentemente nocivo para todos.

Hoje escolho transitar por uma nova maneira de encarar as drogas e as pessoas. Baseada no amor, no entendimento e no profundo respeito por você e por mim.

O flagelo da droga

Falar de "combater as drogas" – ou, pior ainda, "a epidemia das drogas" – é utilizar um significante que nos separa e preserva daquilo que pode provocar danos a nós ou a nossos filhos.

É um exercício que, nos últimos anos, tem-me parecido interessante e horrendo ao mesmo tempo. Algo como converter nossos temores e fantasmas em símbolos que lhes dão corporalidade e, assim, permitem algum tipo de controle.

Parece que dizer "não às drogas" gera uma barreira protetora e um halo de saúde que mantêm afastados todos os perigos e penúrias que as drogas implicam.

Transformar medos em símbolos é um instinto do ser humano. É parte de nossas condutas de proteção, embora o resultado seja confundir os símbolos com a realidade.

Com escreve Johann Hari, acreditamos que, destruindo o símbolo, desaparece o medo que este representa. "A droga" se nos faz necessária como símbolo do mau e do proibido. Do perigoso e do atrativo.

Destruir, combater e ao menos afastar "as drogas" me prové de uma falsa sensação de segurança que me leva a não enxergar os problemas que na realidade tenho na vida e no meu entorno.

Converter medos em símbolos a fim de exterminá-los e dessa maneira aliviar o medo é uma conduta que nos acompanha desde a infância.

Culturalmente, se expressa em distintos discursos e formas de atuar, nas quais transformar o medo em algo tangível e preferencialmente próximo me dá a sensação de controle e diminui esse medo.

Permite-me dar corporalidade e controle a uma ameaça fantasmagórica.

Drogas e delinquência

Depositamos nas drogas a responsabilidade pelas doenças que podem acometer a sociedade, meus amigos, minha família ou a mim mesmo.

O trabalho de apoio a familiares de usuários de drogas me mostrou a facilidade com que culpamos "as drogas" por aquilo de que não gostamos em nossa família.

Adultos que culpam "a droga", os amigos, os namorados e namoradas, os professores, as instituições etc. E adolescentes que, de boa vontade, compartilham essa visão que lhes permite impunidade e ausência de consequências por seus atos.

Em 2016, um grupo de profissionais e instituições que lidam com o "assunto drogas" foi convidado a um encontro com juízes da vara da família, na sede do tribunal de Paysandú. Naquele antigo edifício tivemos um encontro afável e construtivo, organizado para trocar opiniões, pontos de vista e tentar coordenar ações.

As principais queixas das equipes de tratamento de dependentes que tenho acompanhado e supervisado são os critérios de encaminhamento e a exigência de tratamento exigida de algumas pessoas encaminhadas pelo Judiciário.

Tanto ambulatórios quanto residências terapêuticas com frequência recebem sobretudo jovens a quem foi conferida uma "ordem judicial" de tratamento.

Na maioria dos casos, essa ordem está relacionada com conflitos no lar e/ou condutas delituosas nos quais o juiz, por se tratar de menor de idade e consumidor ativo, "ordena" o tratamento da dependência.

Com raras exceções, essas "ordens de tratamento" culminam em um processo de reabilitação. Na maioria dos casos, aos sentenciados não cabem a decisão nem a disponibilidade de abandonar as substâncias.

E mais: muitas vezes nem sequer estamos diante de uma adição. Pode ser simplesmente um delito ou erro cometido por alguém que, além disso, *consome drogas*.

Nessa reunião com juízes da vara da família, tivemos a oportunidade de mostrar-lhes que o consumo de drogas *não define, por si mesmo, as condutas delituosas*.

As drogas não transformam as pessoas em *delinquentes* nem em *assassinas*. Tampouco tornam infiéis os indivíduos monogâmicos.

Como eu disse naquela ocasião, é importante realizar um diagnóstico que permita diferenciar duas situações: um dependente químico que, no âmbito de uma intensa e sólida "carreira" de consumo, *comete um ato ilícito para obter a droga*; uma pessoa que, em função de um traço de personalidade ou de determinadas circunstâncias, *escolhe o caminho de um ato ilícito* e, *além disso*, consome drogas.

Drogas são as de agora...

Numa tarde chuvosa e fria, dessas em que me pergunto se os pacientes virão à consulta, estou em meu consultório com uma mãe, um pai e seu filho.

A mãe pediu uma sessão por estar preocupada com o fato de o filho consumir maconha. O pai a acompanha com semblante preocupado e desgostoso – talvez pela situação do filho ou talvez por ter de comparecer ao meu consultório em horário de trabalho.

O adolescente olha para baixo e manifesta claramente que não quer estar ali. Sem dúvida, esses pais têm muita vontade de receber ajuda, faça chuva ou faça sol. Sem dúvida nenhuma, seu filho não pensa da mesma forma.

Eu o imagino esperando impacientemente que outro adulto lhe diga o que tem e o que não tem de fazer. Ele vai ouvir com educação, mas sem o mínimo interesse, e logo voltará para casa, para sua vida e para aquilo de que gosta.

A mãe, uma senhora loira com um penteado muito elaborado e de movimentos leves, estava evidentemente angustiada e triste.

Sem tirar o olhar dos meus, conta-me suas preocupações e medos e finaliza sentenciando: "Nunca imaginei que um filho meu chegasse a esse ponto".

Em seguida o pai, um senhor magro e de rosto muito anguloso, faz uma análise geopolítica e histórica. A juventude, os pais de antes, os de agora e como nossa sociedade vai mal. Finaliza sua "palestra" dizendo com voz firme e vibrante: "Antes não se viam tantas drogas!"

O homem sustentou o olhar depois da última palavra, como se esperasse um gesto de minha parte que confirmasse sua afirmação.

E sim. Esse pai tinha razão. Antes não se viam as drogas. Isso porque nosso olhar sobre o assunto também evoluiu historicamente.

Sabemos, graças ao Talmude[16], que "não vemos as coisas como elas são, mas como nós somos".

Desde a origem dos tempos se tem registro do uso de substâncias, quase sempre derivadas de plantas com distintos propósitos.

No livro *Marihuana, la flor del cáñamo*, Daniel Vidart[17] conta que o primeiro consumo de drogas pode ter se dado no encontro de um homem primitivo, na origem da humanidade, com uma planta em decomposição. Esse encontro, cuja intenção era alimentícia, brindou nosso antepassado com uma experiência diferente para ele e para o resto da incipiente espécie humana.

Podemos falar do primeiro *consumo* de drogas quando esse antepassado, com a intenção de repetir a experiência, procura uma planta similar para obter as mesmas sensações.

Vidart ensaia a teoria de que, como nas sociedades primitivas as encarregadas de obter o alimento eram as mulheres, possivelmente quem teve esse primeiro encontro com "uma droga" não foi um homem, mas *uma mulher*.

Oriol Romaní[18] afirma: "O uso de drogas seria parte das condutas de autoatenção, inerentes a toda cultura humana".

Esse me parece interessante, já que Romaní não fala de "condutas de autodestruição" nem de "condutas de autoexclusão", muito menos de "condutas suicidas", conceitos que ainda hoje descrevem a intenção de quem consome drogas.

---

16. Obra que reúne principalmente as discussões rabínicas sobre leis, tradições, costumes, narrativas e ditos, parábolas, histórias e lendas judaicos.
17. Daniel Darío Vidart Bartzabal é um antropólogo, escritor e ensaísta uruguaio, nascido em Paysandú em 7 de outubro do 1920.
18. Doutor (Ph. D.) em História (Antropologia Cultural) pela Universidade de Barcelona (1982). Catedrático de Antropologia Social no Departamento de Antropologia, Filosofia e Serviço Social.

A Organização Mundial da Saúde (OMS) define "autoatenção" como "o que as pessoas fazem por si mesmas para manter e preservar sua saúde e para prevenir e curar doenças".

Das palavras de Romaní podemos inferir que as drogas, todas elas, foram e são utilizadas com fins *medicinais*.

Há registro do uso de substâncias medicinais pelas primeiras *médicas* da história da humanidade – as quais foram combatidas pela Igreja Católica da época. As *bruxas* eram mulheres de conhecimento e sabedoria – curandeiras que dedicavam a vida a curar distintos males com mais eficácia que a medicina de sua época (e talvez a de hoje). Elas utilizavam diversos preparados que ingeriam para alcançar estados de sabedoria e conexão espiritual com o objetivo de curar seus "pacientes".

Tinham o talento necessário para curar, não só fisicamente como no plano espiritual.

A sabedoria ancestral dessas mulheres teve fim na época da Inquisição[19], período em que essas médicas, mulheres com talento natural e uma vida a serviço de outros, foram rebaixadas à imagem de bruxas más, concubinas do demônio.

Também há registros do uso de substâncias na Ásia, na Europa e em nossa América.

As tradições nativas dos povos nativos nos falam do uso de plantas medicinais para curar o corpo, a mente e a alma – ou melhor, as três coisas de uma vez, já que em sua visão formam uma totalidade.

Hoje, no Uruguai e em outras partes do mundo, encontramos distintos grupos que, transitando pelo caminho das tradições nativas, utilizam a ayahuasca[20] e outras "plantas de poder" em rituais de cura.

---

19. Durante a Inquisição, diversas instituições se dedicaram a combater a heresia, majoritariamente no seio da Igreja Católica. A heresia na era medieval europeia muitas vezes era punida com a pena de morte.
20. Preparado à base de plantas, em especial o cipó *Banisteriopsis caapi*, que oferece transes visionários e a cura no plano físico e espiritual.

Como relata Alejandro Corchs[21] em seus livros, as cerimônias xamânicas são encontros comunitários nos quais se compartilha um tempo e um espaço num ritual destinado à cura individual, grupal e transpessoal.

Nesses encontros se utilizam preparados de plantas sagradas, administradas e recebidas numa ordem estrita e das mãos de pessoas que cumprem uma função diferenciada no grupo.

São os xamãs ou guias espirituais, que além disso têm a função de cuidar dos participantes durante a experiência.

---

21. Xamã, líder espiritual do Caminho Vermelho e Ywyraija Bayrá do Ñanderekó. É guardião do Fogo da União e coordenador de oficinas do Centro Gestáltico de Montevidéu. Autor de vários livros sobre o tema.

Os rapazes de antes...

No Rio da Prata, registros históricos indicam o uso e a comercialização de produtos como xaropes, unguentos e bálsamos, fabricados à base de substâncias que hoje são consideradas drogas perigosas.

Basta uma breve pesquisa na internet para descobrir uma grande quantidade de cartazes e anúncios relacionados com a venda de produtos muito populares.

Perfumes, tônicos para crianças, soluções oftálmicas e toda uma série de "poções" eram ofertados, tendo como principal componente substâncias que hoje estão proibidas.

A *cocaína*, o ópio e a *heroína* estavam presentes nas estantes das *boticas*[22] e seu consumo era socialmente aceito.

O livro *El tango y la droga*, de Marcel García (2011), fala de um mundo "rio-platense" em que o consumo de cocaína estava intimamente relacionado com a vida social e o prazer. O autor demonstra o vínculo entre *a droga* e essa música considerada, por alguns, pecaminosa, e por outros, maravilhosa.

Nessa época o "proibido" e ansiado era dançar tango, não *a droga*. Esse ritmo era dançado tanto pelas classes sociais mais desfavorecidas como por quem ditava as normas e os costumes da alta sociedade.

Prestando atenção às letras de tangos famosos, perceberemos que elas fazem claras referências ao consumo de substâncias que na atualidade são proibidas:

Pobre Taita, cuántas noches,
Bien dopado de morfina,
Atorraba en una esquina

---

[22]. Estabelecimento no qual se preparavam e se vendiam medicamentos de maneira artesanal.

Campaniao por un botón.
Y el que antes causaba envidia
Ahora daba compasión.[23]
(Manuel Romero, "El Taita del Arrabal")

Los paraísos del *alcaloide*
para olvidarla yo paladié
y por las calles, como soñando,
hecho un andrajo me desperté.[24]
(Roberto Cayoly Raúl de los Hoyos, "Noches de Colón")

¿Te acordás, hermano? ¡Qué tiempos aquéllos!
Eran otros hombres, más hombres los nuestros.
No se conocía cocó"[25] ni morfina
Los muchachos de antes no usaban gomina.[26]
(Manuel Romero y Francisco Canaro, "Tiempos viejos")

De tarde, té con masitas,
De noche, tango y champán.
Los domingos, té danzante,
Los lunes, desolación.
Hay de todo en la casita,
Almohadones y divanes.

---

23. "Pobre Taita, quantas noites, / bem dopado de morfina, / vagava por uma esquina, / guardado por um policial. / E ele, que antes causava inveja, / agora gerava compaixão." [N. E.]
24. "Os paraísos do alcaloide / Para esquecê-la degustei / E pelas ruas, sonhando, / feito um farrapo despertei". [N. E.]
25. Nome que recebe a cocaína no dialeto dos malandros do universo tanguista rio-platense.
26. "Você se lembra, irmão? Que tempos aqueles! / Eram outros homens, os nossos mais homens. / Não se conhecia cocó nem morfina / Os rapazes de antes não usavam brilhantina". [N. E.]

Como en botica, *cocó* [...]²⁷
(Carlos Lenzi, "A media luz")

    Como último exemplo de que as drogas não são um fenômeno da modernidade, Marcel García analisa o tango "Los dopados". Composto unicamente com melodia entre 1915 e 1923 por Juan Carlos Cobián, em 1942 ganhou letra de Enrique Cadícamo. Mas este trocou o nome da canção para "Los mareados".
    Sua letra ilustra um encontro sem dúvida fora do comum:

Rara
Como encendida
Te hallé bebiendo
Linda y fatal.

Bebías
Y en el fragor del champán
Loca reías
Por no llorar.

Pena me dio encontrarte
Pues al mirarte yo vi brillar
Tus ojos con un eléctrico ardor,
Tus bellos ojos que tanto adoré...²⁸

    Segundo García, os trechos "Rara, como encendida" e "tus ojos con un eléctrico ardor" demonstrariam que, além do

---

27. "À tarde, chá com bolo / À noite, tango e champanhe. / Aos domingos, chá dançante, / Às segundas, desolação. / Há de tudo na casinha, / Almofadas e divãs / Como nas boticas, cocó [...]". [N. E.]
28. "Estranha / Como iluminada / Te encontrei bebendo / Linda e fatal. / Bebias / E no fragor do champanhe / Louca, rias / Para não chorar. / Me deu pena te encontrar / Pois ao mirá-la vi brilhar / Teus olhos com um elétrico ardor / Teus belos olhos que tanto adorei". [N. E.]

champanhe, a mulher em questão estaria sob efeito de outras substâncias.

Outros autores explicam que a denominação coloquial de "merca" que recebe a cocaína deriva de um produto bastante popular nesses tempos: o xarope do doutor Merck, que era receitado com muita frequência pelos profissionais da época.

Por tudo isso, fico bastante surpreso quando adultos, alguns deles em idade avançada, se referem ao consumo de drogas como uma conduta "moderna", "destes tempos".

Talvez por desconhecimento, ou por "amnésia seletiva", não lembram que em outras épocas o consumo de substâncias hoje consideradas tão perigosas convivia sem maiores conflitos com uma sociedade pujante com valores claros e com jovens que mais tarde se transformariam em homens e mulheres *de bem*.

Será que nos esquecemos dessa época de convivência e que não podemos separar "as drogas" dos efeitos e dos problemas que elas provocam em algumas pessoas?

Não se meta com as minhas drogas

Faz vários anos que me dedico a fazer palestras, tanto no Uruguai com em outros países, sobre o assunto "drogas", e me divirto muito propondo um jogo aos participantes.

Certa noite de inverno, numa palestra para pais em Paysandú, a plateia estava muito interessada no assunto e os olhares refletiam atenção e vontade de aprender.

O auditório estava lotado de pais, mães e outros adultos, embora também houvesse alguns adolescentes com o olhar fixo nos celulares, evidentemente trazidos sob ameaça para que um profissional lhes falasse sobre as drogas e "os afastasse de todo o mal".

Depois de fazer uma breve introdução, proponho aos participantes um jogo: nomearei distintas substâncias e, caso eles considerem que se trata de "uma droga", devem levantar a mão.

Sempre começo com as que têm maior consenso:

— A cocaína é uma droga?

Invariavelmente a resposta é unânime:

— Siiiiim!

Todos os adultos estão com as mãos erguidas (alguns adolescentes tiram os olhos do celular).

Eu continuo.

— A maconha é uma droga?

Resposta unânime novamente:

— Siiiiim!

Todos os braços levantados.

Acontece o mesmo quando falo do cigarro.

Um dado interessante é que a unanimidade acerca do cigarro só surgiu há uns dez anos. Antes era muito estranho que os adultos considerassem o tabaco uma "droga".

Continuo com o jogo.
— Os psicofármacos são drogas?
A unanimidade começa a se desfazer. Algumas mãos estão erguidas, mas várias ficam na metade de caminho.
Aparecem as argumentações:
— Bom... Se receitados por um médico, não são drogas — responde-me uma senhora de meia-idade.
— Não são drogas porque eu os consumo – afirma outra senhora de idade avançada e com um casaco maior que ela.
Continuo com minha pesquisa acerca de outras substâncias mais comuns e aceitas socialmente.
— O álcool é uma droga?
Unanimidade na plateia feminina e alguns silêncios e gestos de relativização entre os homens.
— Os refrigerantes são drogas?
— A batata frita é uma droga?
Movimentos nervosos e sinais de confusão.
Começa a discussão entre os presentes, alguns considerando o consumo compulsivo e os efeitos negativos na saúde.
Os adolescentes agora olham para todos os lados, entretidos com a discussão dos adultos e, talvez, interessados em conhecer os diferentes pontos de vista acerca das substâncias.
Para finalizar o exercício, pergunto:
— O chocolate é uma droga?
Compreendendo o jogo e permitindo-se relaxar, a plateia sorri e conversa entre si.
Todos parecem alegres, exceto uma senhora de meia-idade cujo olhar sério é notório. Ela está acompanhada – de um lado, por um senhor que parece ser seu marido; de outro, por um menino pequeno, possivelmente seu neto.
A senhora fixa o olhar em mim e, com uma voz rouca e firme que me lembrou uma cena de *O poderoso chefão*, diz:
— Não se meta com o chocolate!

Recuperando-me do choque que me causou tal "ameaça" e agradecido pela disponibilidade da plateia para jogar comigo, passei a relatar um episódio que me ensinou o que em verdade é "uma droga".

Recebi a lição de um pastor protestante, em um curso de espiritualidade do qual participei há vários anos na Igreja Luterana de Paysandú.

O pastor perguntou à turma:

— O que é uma seita?

Vários de nós arriscam respostas sociológicas, psicológicas e até geopolíticas.

Depois de escutar nossos balbucios, o docente nos disse sorrindo:

— Uma seita é a Religião do Outro.

Pareceu-me uma resposta genial, mas simples e esclarecedora. Uma maneira de mostrar a subjetividade e os preconceitos com que nos opomos ao que não aceitamos em nós.

Uma maneira artificiosa de diferenciar-me do outro, embora estejamos agindo da mesma maneira.

O mesmo acontece com *as drogas*.

Para muitas pessoas, *droga* é o que o outro consome... Não o que eu consumo.

O que consumo habitualmente não é *droga*.

Aquilo que faz parte de meus hábitos e do meu consumo é outra coisa.

É diferente porque "somos diferentes".

Ou como me disse um paciente: "Não se engane... Não sou alcoólatra. Eu apenas bebo uísque".

Droga, segundo a definição da Organização Mundial da Saúde (OMS), é "toda substância que, introduzida no organismo, produz uma mudança em uma ou mais de suas funções". Trata-se de uma definição muito ampla que inclui várias substâncias que raramente consideramos *drogas*.

Abandonar o enfoque preconceituoso e sectário sobre as drogas, segundo o qual os adictos são aqueles que bebem nas vielas do bairro ou se drogam nos shows de rock, é arriscar-nos a assumir nossos consumos e nossas adições.

É olhar ao nosso redor e comprovar que as drogas não se circunscrevem a determinado bairro ou classe social em particular.

É um risco que nos permite ver que as drogas estiveram, estão e sempre estarão entre nós.

Somos todos adictos?

Foi numa dessas sessões de psicoterapia com famílias na qual eu meio que já sabia o que iria acontecer.

No meu consultório, mantendo um silêncio muito tenso, estava um casal de adultos, mãe e pai preocupados e desiludidos. Um irmão mais velho severo e de olhar desafiador. Completava o grupo Carla, de 14 anos, que no dia anterior confessara aos pais consumir maconha havia dois anos.

A mãe, uma senhora de meia-idade vestida elegantemente, tinha os olhos fixos no chão. Chorava e usava todos os lenços que eu lhe dera.

O pai, um senhor de aspecto sério e ao mesmo tempo terno, olhava insistentemente para a filha, esperando algum sinal ou reação da adolescente – que perseverava em seu silêncio.

— Diga-lhe algo que a faça reagir! — quase me ordenou o irmão que havia pouco tempo abandonara a adolescência.

Sua atitude era paternal e severa, e ele olhava alternadamente para a irmã e para mim.

Enquanto meu silêncio convidava os presentes a se expressar, a jovem levantou o olhar e, em tom irritado e desafiante, disse-lhes:

— Vocês me enchem o saco só por causa de um baseado de merda!

— Você (encarando a mãe) chora o dia todo e não vive sem os seus remédios!

— E você... VOCÊ (fixando o olhar no pai) passa todo o fim de semana bêbado e dormindo, ou então está no banco!

— E você, imbecil (referindo-se ao irmão), pensa que é adulto e gasta todo o dinheiro no cassino. E depois nossos pais têm de te manter.

— Todos nos drogamos. Parem de me encher o saco!

Fez-se um silêncio desses que param o tempo e se cortam com faca.

Enquanto observava a cena e sentia uma espécie de alívio e esperança, mentalmente escolhi a estratégia de intervenção que considerei mais oportuna.

Claro que optei por reforçar a autoridade dos adultos e propor uma forma de comunicação mais efetiva. Mas me dei conta de que a jovem fizera uma exposição conceitualmente correta.

A maioria de nós consumiu ou consome frequentemente drogas legais e/ou ilegais.

Como vimos nos capítulos anteriores, as drogas estão, estiveram e estarão entre nós até o fim da humanidade.

Claro que isso não necessariamente nos transforma em adictos, já que muitos de nós convivem com esse consumo sem que isso gere maiores inconvenientes em nossa vida cotidiana.

Tenho ouvido com frequência que *todos somos adictos a algo*.

Em minha opinião, a adição é um conceito superutilizado, e o diagnóstico apressado leva-nos a ver uma adição onde ela não existe.

Mais adiante ampliarei esse conceito.

Conhecendo o "monstro"

Nossos medos e "fantasmas", incluídas as drogas, devem seu "poder" ao medo gerado pelo desconhecido.

Como todo desconhecido, é alvo de nossas projeções mais tenebrosas e da abdicação de nossos medos e incertezas.

Como seguramente já sabemos, as drogas não são "sujeitos", mas "objetos". Não têm vida própria a não ser por fazerem parte da oferta de consumo que está à disposição de todos nós, a fim de satisfazer nossas necessidades.

As drogas são simplesmente produtos, substâncias ou bens de consumo, os quais se definem como *bens finais no processo de produção de uma economia*. Satisfazem as necessidades humanas de maneira direta (https://economipedia.com/).

Tanto é assim que esses "produtos" são fabricados e distribuídos pelo que o dr. Ariel Forselledo (2002) chama de *indústria transnacional ilícita* (ITI) – empresas e pessoas que se dedicam a produzir, processar, distribuir e coordenar a venda de drogas ilegais. Comumente recebe o nome de "indústria do narcotráfico".

Dessa perspectiva, também poderíamos falar de uma *indústria transnacional lícita*, que se dedica à produção, industrialização, distribuição e venda de drogas legais.

Também é uma corporação transnacional, pois, embora se trate de distintas empresas em diferentes países, se encontra em instâncias globais onde define estratégias, compartilha informação e regula o mercado.

Vejamos dois exemplos claros desse funcionamento corporativo.

Quando o Uruguai propôs a Lei n. 18.256 para o controle do tabagismo, que incluía regras sobre consumo, venda e publicidade do tabaco, desencadeou-se uma série de medidas judiciais no país.

A multinacional Phillips-Morris entrou com um processo judicial milionário contra o Uruguai, alegando violação do tratado bilateral de cooperação entre este e a Suíça.

Além dos aspectos legais, vários analistas internacionais e a imprensa mundial viram nesse processo uma tentativa de tolher o Uruguai e outros países do continente cuja intenção fosse regular o consumo das mercadorias que as grandes empresas produzem.

A história terminou muito bem para o meu país.

Em 8 de julho do 2016, o Centro Internacional para a Arbitragem de Disputas sobre Investimentos (Ciadi) do Banco Mundial se pronunciou favorável ao Uruguai, obrigando os autores da ação a arcar com os gastos dos réus e com as custas judiciais.

O veredicto final estabeleceu que a Phillips-Morris devia pagar sete milhões de dólares ao Uruguai.

O mais importante foi estabelecer um procedente e abrir caminho para que outros países se sintam confiantes ao promulgar leis que regulem aspectos do consumo de determinadas substâncias sem o temor de ser processados por essas empresas globais.

Outro exemplo da lógica do mercado por trás da produção e da venda de drogas legais são as *alcopop*.

Há vários anos a indústria global de bebidas alcoólicas enfrenta um desafio: as bebidas destiladas de alto teor alcoólico, como a vodca e o rum, são consumidas quase exclusivamente por homens.

O público feminino parece não aceitar o sabor forte, rústico e a alta graduação alcoólica dessas bebidas.

Além disso, culturalmente o consumo desses destilados está relacionado com aspectos quase sempre atribuídos aos homens, como a rudeza, a força e o vigor.

A fim de aumentar a venda desses produtos, chegando às consumidoras, foram criadas as *alcopop* ou RTD[29]. São bebidas derivadas dos destilados e comercializadas em garrafas de 220 ml a 275 ml.

Seu aspecto e sua rotulagem transmitem a ideia de que se trata de bebidas de baixo teor alcoólico.

Algumas são misturadas com bebidas não alcoólicas, como refrigerantes, o que dissimula fortemente o sabor amargo do destilado e do álcool que contêm.

As *alcopop* foram desenhadas exclusivamente para que as mulheres consumam mais destilados e para que sua venda cresça por meio de uma estratégia de mercado que se tem mostrado eficiente – e gerado um preocupante aumento do consumo de álcool entre as adolescentes.

Esses são exemplos de que as drogas, legais ou ilegais, são alguns dos tantos produtos que temos à nossa disposição e que se regem pelas leis do mercado.

---

[29]. *Ready to drink* (prontas para beber), também chamadas de bebidas alcoólicas aromatizadas.

Um modelo explicativo

A maneira clássica de ilustrar o fenômeno do consumo de drogas é o Modelo de Zinberg, publicado por Norman E. Zinberg no livro *Drugs, set, and setting*, de 1984.

O esquema é usado tradicionalmente para explicar a complexidade do consumo de drogas e para mostrar que os efeitos destas não dependem apenas da substância.

Em um dos vértices do triangulo está a droga. Levam-se em conta o tipo de substância, sua disponibilidade, a via de administração e a dose utilizada.

No outro vértice posicionamos o meio, que se refere ao entorno onde se dá o consumo. Inclui redes de apoio, família, lugar de estudos e/ou trabalho, grupos de pares ou grupos de pertencimento e os aspectos culturais e políticos da comunidade.

Aqui é importante levar em conta as variações culturais e geopolíticas presentes. O consumo da folha de coca na Bolívia é diferente do mesmo consumo no Rio da Prata.

Ou, como disse certa vez o conhecido humorista Luis Landriscina, citando o padre Mamerto Manapace[30], "a coca que mascam os indígenas do altiplano boliviano para lidar com a altitude é diferente da cocaína ingerida pelo jovem que não tem destino certo".

---

30. Monge beneditino do mosteiro Santa María de Los Toldos (Argentina) desde 1959. Reconhecido escritor, tem mais de 20 livros sobre o encontro com Deus e o crescimento na fé.

No terceiro vértice desse triângulo posicionamos a pessoa. Em minha opinião, é o aspecto com maior peso na hora de definir uma conduta como o consumo de drogas.

Consideramos os aspectos biológicos do indivíduo, como fatores hereditários e psicológicos, bem como sua maneira de vincular-se e a estabilidade desses vínculos. Também estão presentes fatores pessoais, como desenvolvimento psicoafetivo, capacidade de tolerar a frustração, amadurecimento emocional etc.

Parece-me curiosa a similaridade entre o modelo explicativo de Zimber e a tríade epidemiológica.

Esse modelo tradicional da medicina caracteriza as doenças infecciosas identificando a interação entre o agente ambiental, o vírus e seu hospedeiro.

Pensar nas drogas com um modelo similar ao das doenças infecciosas nos descortina uma abordagem diferente ao assunto.

A substância como agente ativo, o meio como facilitador ou propagador da infecção e o indivíduo como sujeito em permanente perigo de "contágio".

Lembremos o mote que sustentou a *guerra contra as drogas* e como o ex-presidente Ronald Reagan as descreveu em seu discurso de 1982: "Um vírus especialmente perverso da delinquência".

O pesado e o leve

A classificação das drogas é muito variada. Elas podem ser consideradas pesadas ou leves, legais ou ilegais, naturais ou artificiais.

Uma classificação clássica deriva do efeito que produzem em nosso sistema nervoso central (SNC)[31].

As drogas que *estimulam* o SNC são aquelas que têm em sua composição as xantinas, como o café e o chá, bem como a cocaína e o tabaco.

Possivelmente o leitor se perguntará por que o tabaco – que os fumantes utilizam para se tranquilizar e cuja publicidade o mostra como um remanso diante de situações conflituosas ou perigosas – é considerado estimulante.

Por sua constituição química, o tabaco é estimulante. O que produz calma é a mudança no padrão respiratório quando se fuma. Ou seja, o que tranquiliza não é a substância inalada, mas a forma como se respira ao fumar.

A cocaína foi muito utilizada na farmacopeia do início do século passado, sendo receitada abertamente pelos médicos da época por seus efeitos anestésicos e como estimulante.

No livro *An anatomy of addiction* [Uma anatomia da adição] (2012), Howard Markel faz referência a um jovem médico austríaco pioneiro na investigação e na experimentação com a cocaína no campo da saúde e do alívio da dor.

Além de ser um intenso consumidor dessa droga, Sigmund Freud foi autor de uma pesquisa sobre o uso da cocaína como anestésico tópico em cirurgias oculares.

Perplexo e deslumbrado pelo efeito que experimentou ao consumir cocaína, passou a receitar o alcaloide para todo tipo

---

31. O SNC é constituído por encéfalo e medula espinhal.

de transtornos de ordem psicológica, considerando-o uma panaceia[32] ante as doenças mentais.

O intenso uso da cocaína feito pelo "pai da psicologia" resultou num câncer de mandíbula. Seus últimos anos de vida foram muito dolorosos, segundo Markel, devido à extirpação parcial de sua mandíbula e ao uso de uma prótese, a que Freud chamava de "o monstro".

A morfina e outros derivados do ópio, os hipnóticos, os ansiolíticos e o álcool são drogas que *deprimem* o SNC.

Novamente, pode surpreender que as bebidas alcoólicas, em geral consumidas em ocasiões festivas e que produzem em quem as ingere uma série de comportamentos engraçados e animados, tenham efeito *depressor*.

É que o álcool é um *depressor em segunda instância*.

Quando se começa a beber, surge primeiro seu efeito *desinibidor*, que em muitas pessoas se traduz em animação e em predisposição à dança, ao riso e a uma maior loquacidade.

O álcool é considerado um "lubrificante social", já que favorece a interação e é utilizado também em "rituais de conquista".

Na minha juventude, bebíamos a fim de nos aproximar mais eficazmente de alguém com quem queríamos dançar.

E, se possível, algo mais.

O consumo destinava-se a superar a timidez e a promover uma pequena distorção em nossa autoimagem.

Pelo influxo dos vapores etílicos, sentíamo-nos mais altos, mais bonitos e mais valentes.

O consumo de álcool tinha um propósito claro. E o limite de não chegar à embriaguez, à letargia e ao ridículo.

Se tudo corresse bem, passávamos uma noite na companhia de alguém, alegres e talvez com um encontro mais íntimo.

Se não, só restava esperar a queda.

---

32. A palavra panaceia provém de *panakos* e significa remédio "para tudo".

Passado o efeito *desinibidor*, sobrevém um estado depressivo de maior incidência, de acordo com o ânimo prévio do consumidor.

Quando se dissipam os vapores, a realidade é encarada com mais nitidez. E isso pode levar à depressão e à angústia.

Descobríamos que não éramos tão altos nem tão bonitos, e que íamos percorrendo, com passo cansado, o caminho de casa em absoluta solidão.

Além dessas lembranças juvenis, é fundamental entender como o álcool age nas pessoas.

No trabalho com alcoólatras, é preciso ter especial cuidado diante de manifestações depressivas e ideias suicidas.

Quando acompanhamos um alcoólatra, estamos diante de um indivíduo depressivo que consome uma substância que deprime ainda mais seu sistema nervoso central.

Obscurece sua capacidade de julgamento e o leva a condutas impulsivas.

É um coquetel que com muita frequência leva ao suicídio.

Num terceiro grupo, temos as drogas que *alteram* ou *confundem* o SCN em função de seu efeito alucinógeno.

Entre os exemplos estão os cogumelos (psilocibina) e as drogas sintéticas, como o LSD, o *ecstasy* etc.

Tais drogas são utilizadas pelos indivíduos com o objetivo de alterar seu estado de consciência, seja para fins de fuga da realidade, recreativos, cerimoniais e/ou terapêuticos.

Uma das práticas que distintos historiadores atribuem às bruxas na antiguidade é o uso da planta *Datura stramonium*[33]. Dela obtinham um unguento que era aparentemente aplicado de um cabo de vassoura e introduzido na vagina.

Mediante essa prática, as mulheres ascendiam a um plano de consciência alternativo, que lhes permitia ajudar e curar os necessitados.

Alguns autores sugerem ser essa a origem do mito de que *as bruxas voam montadas em cabos de vassoura*.

---

33. Chamada no Brasil de figueira-do-inferno, figueira do diabo ou figueira-brava. [N. E.]

Os alimentos dos deuses

No livro *Marihuana – La flor del cáñamo*, o antropólogo Daniel Vidart faz uma proposta interessante e criativa de classificação das drogas. Utilizando como referência os deuses da mitologia grega, o autor agrupa as substâncias segundo seus efeitos, características e propósitos que levam ao seu consumo. Nessa classificação encontramos substâncias "dionisíacas". *Dionísio*, filho de Zeus, é o deus da vindima e do vinho, representante da loucura, dos excessos e do prazer desenfreado.

Sobre Dionísio, meu querido colega, o psicólogo mexicano Gerardo Ortiz[34], afirma o seguinte:

> Ao longo da história, e sobretudo na sociedade judaico-cristã, tem-se tentado criminalizar o Dionísio (inclusive representando-o como o Diabo), apontando-o como o apóstolo das aberrações e da decadência humana.
> Penso que Dionísio proclama a busca do prazer. Não do prazer pelo prazer simplesmente, mas deste [...] como princípio orientador. Aquele que serve [...] à realização do indivíduo e certamente é digno de respeito.

A maioria das substâncias dionisíacas produz exaltação festiva, escuridão mental e depressão. Essa categoria inclui as bebidas alcoólicas, que convidam à celebração, mas obliteram a capacidade de julgamento e de autocontrole e, como vimos, podem levar à depressão.

Sobre o consumo de bebidas alcoólicas e a perda do autocontrole, as estratégias para emagrecer nos oferecem um exemplo.

---

34. Psicólogo clínico, especialista em Gestalt-terapia, mestre em Orientação e Desenvolvimento Humano e em Gestalt-terapia. Discípulo e colaborador do dr. Claudio Naranjo.

As dietas para emagrecer recomendam que não se beba álcool, independentemente das calorias que tenha ou de sua responsabilidade pelo aumento de peso.

Ideias como "só um pouquinho não vai me engordar" ou "hoje posso porque é um dia especial" são exemplos claros de uma opacidade de julgamento – e constituem um atentado a qualquer tentativa de controle e de moderação.

A seguir temos as substâncias *apolíneas*, em honra ao deus Apolo, uma das principais divindades da mitologia greco-romana. Filho de Zeus e Leto, seus atributos estavam relacionados com a beleza, a força e a perfeição.

As drogas apolíneas são aquelas com efeito estimulante e euforizante. São as substâncias que permitem "fazer", já que dão uma sensação de poder.

Podemos incluir nessa categoria as drogas originadas da benzoilmetilecgonina. Essa substância de nome difícil está presente na cocaína e em seus derivados, produzidos à base de folha de coca.

As formas mais comuns de consumi-la são inalá-la, insuflá-la ou injetá-la na corrente sanguínea.

Na América Latina, a "pasta base" (também conhecida como "basuco" ou "paco") tem mostrado o rosto mais perverso, midiático e estigmatizante do consumo de drogas.

No Uruguai, o consumo de pasta base é um fenômeno em si mesmo. Não pela frequência com que é usada, pela quantidade de consumidores ou pelos danos que ocasiona, mas porque é a substância menos consumida pela população, mas a que mais aparece nos meios de comunicação e no imaginário popular.

Até há pouco tempo, quando me perguntavam em palestras qual era a droga mais consumida no país a resposta resultava unânime: pasta base.

Quando eu contrastava essa opinião com as cifras quase marginais de seu consumo, o público se debatia entre a surpresa e a incredulidade.

As substâncias *apolíneas* permitem "fazer". Permitem ao empresário manter um ritmo de trabalho frenético. Ajudam o agricultor a terminar a colheita em tempo recorde. Oferecem ao jogador de basquete uma "melhora" em seu rendimento, torcendo para que ele não seja pego no exame *antidoping*.

Permitem ao "murguista"[35] aguentar as próximas 15 apresentações e ao estudante suportar mais uma noite sem dormir para fazer uma boa prova.

As substâncias apolíneas, como as dionisíacas, são frequentemente usadas por ocasião de crimes – não como artífices ou indutoras de condutas delituosas, mas como meio.

A pessoa decidida a cometer um crime utiliza substâncias apolíneas para evitar o medo e sentir-se invulnerável e poderosa.

O deus Morfeu era o encarregado de induzir os sonhos em quem dormia, permitindo aos mortais fugir por um momento dos padecimentos e tormentos terrenos.

As substâncias *morfeicas* são aquelas que nos ajudam a fugir, tranquilizam a dor e induzem o sono.

Os opiáceos (produtos derivados do ópio), como alguns calmantes, hipnóticos e relaxantes, são consumidos habitualmente para ajudar-nos a lidar com nossa existência dolorosa.

O ópio esteve muito presente na cultura oriental, tendo sua produção e seu transporte causado uma guerra.[36]

A imagem que hoje chega a nós, por livros ou filmes, dos "viciados em ópio" não mostra uma prática de analgesia, de

---

35. Integrante de uma murga, gênero músico-teatral desenvolvido em distintos países de America Latina e na Espanha. No Uruguai é a manifestação mais representativa de nosso carnaval.
36. As Guerras do Ópio, ou Guerra Anglo-Chinesa (1839-1860), foram conflitos armados ocorridos entre a China e o Reino Unido em virtude de motivos comerciais.

repouso e de procura do nada existencial por meio do consumo dessa resina extraída da papoula (*Papaver somniferum*).

Como escrevi em capítulos anteriores, somos uma sociedade que não tolera a dor e o mal-estar como parte fundamental da existência.

Conjuramos o sofrimento e o evitamos a qualquer custo, especialmente com o uso de substâncias legais ou ilegais, naturais ou artificiais.

Segundo a Sexta Pesquisa Nacional de Lares[37], a terceira droga mais consumida pelos uruguaios são os psicofármacos, especialmente analgésicos, hipnóticos e ansiolíticos.

As autoridades de saúde têm mostrado preocupação com o intenso consumo dessas substâncias mórficas, sejam elas prescritas ou não por médicos.

Outra categoria é composta pelas drogas "circeanas". Cirse era uma deusa e feiticeira que vivia na ilha de Ea, no mar Mediterrâneo. Segundo *A odisseia*, de Homero, terminou apaixonando-se por Ulisses depois que este não caiu sob seu jugo.

Com amplos conhecimentos em feitiçaria, fitoterapia e medicina, Circe podia mudar a realidade transformando seus inimigos em animais.

As plantas alucinógenas utilizadas em rituais, assim como as chamadas "drogas baldias"[38], compõem essa categoria. São substâncias consumidas com o propósito de alterar a percepção da realidade.

Por último, completam a classificação proposta por Vidart o que ele chama de drogas "proteicas", em honra ao deus Proteu.

---

37. Publicada pelo Observatório Uruguaio de Drogas, da Junta Nacional de Drogas do Uruguai.
38. Substâncias obtidas de plantas silvestres que crescem em prédios abandonados (baldios). O *Floripondio* ou *Campanilla* ou *Campanela* são um exemplo.

Em *A odisseia*, Proteu é um "velho homem do mar". Sua principal habilidade consistia em mudar de forma; ele também se convertia em outros seres com a finalidade de evitar aqueles que o procuravam por sua capacidade de adivinhar o futuro.

O adjetivo *proteico* é utilizado para descrever os indivíduos que vivem mudando de opinião. Aqueles que adotam formas diferentes de pensar ou de agir.

Podemos classificar a maconha como substância *proteica*, já que seus efeitos não são constantes e variam drasticamente de acordo com quem a consome.

Pode ser estimulante ou depressora; é capaz de impelir para a ação ou trazer calma e tranquilidade; pode gerar ou não alucinações em função do encontro com o consumidor.

Definitivamente, todas as drogas têm um aspecto *proteico*, já que seu efeito não é definido por sua composição química, mas pelo organismo que as recebe e pelo contexto no qual se dá esse encontro.

Uma vez mais observamos que os efeitos das drogas não se devem às drogas em si. Elas obtêm seu poder do encontro com cada pessoa, dependendo da sua constituição física, de seu metabolismo, de seu devir existencial e de sua maneira de estar no mundo.

Convivendo com a droga

Quando enumeramos todas as substâncias que, por definição, e além de sua legalidade ou assimilação social, são consideradas *drogas*, concluímos que muitos de nós consomem *drogas* regularmente. Qualquer consumo, como toda decisão na vida, tem consequências.

Um dado que me surpreendeu foi o de que a água, uma substância tão fundamental para a vida e de aparência tão inócua, tem uma dose mortal. Se bebermos entre seis e sete litros de água em uma hora, podemos morrer por hiper-hidratação.

No Uruguai, a lei que regulamenta a comercialização da *Cannabis* abriu um insuspeito canal de debate intergeracional.

O governo uruguaio e vários de seus principais atores têm proposto e mantido uma discussão imparcial sobre a regulação do consumo desta substância, cujos frutos culminaram na promulgação da Lei n. 19.172 (https://legislativo.parlamento.gub.uy/temporales/leytemp550028.htm).

A lei teve e tem resistências e opositores, tanto no âmbito local como no internacional. As vozes de organismos estrangeiros ainda hoje se fazem sentir, argumentando que meu país viola acordos internacionais ao aprovar essa lei.

Um dos seus principais defensores, especialmente no exterior, é o ex-embaixador Milton Romani Gerner[39]. Psicólogo de profissão, ele tem representado o Uruguai em varias instâncias internacionais em que têm ocorrido debates sobre a necessidade de deixar de lado a "guerra contra as drogas" e repensar as estratégias globais que se aplicam ao tema.

---

39. Ex-embaixador a cargo da Missão Permanente do Uruguai diante da Organização dos Estados Americanos (OEA). Foi secretário geral da Junta Nacional de Drogas em dois períodos.

Nos últimos anos, instituições como a Organização dos Estados Americanos (OEA) têm produzido documentos nos quais reconhecem que, "[...] depois de 40 anos de criminalização e de luta frontal contra a expansão das drogas no hemisfério e no resto do mundo, essa política mostrou-se um grande fracasso".

Até mesmo na Junta Internacional de Fiscalização de Entorpecentes (Jife)[40], cujo presidente, Raymond Yans, classificou os uruguaios e seu governo de "piratas" (El Observador, 2013), algumas vozes convidam à reflexão e à revisão da estratégia utilizada até agora. E, entre os uruguaios, esse assunto também provoca polêmicas.

O mundo adulto foi muito crítico e severo, especialmente em virtude do medo das drogas. Pitonisas da catástrofe agouravam que em poucos anos teríamos um Uruguai cheio de jovens "zumbis" drogados, ao estilo de *Walking dead*[41], que colocariam em perigo a paz e a convivência.

É interessante que volte a se manifestar a mesma ideia dos políticos norte-americanos preocupados com o regresso de seus soldados do Vietnã (falarei disso mais adiante).

No início da discussão, e quando comecei a publicar em minha página do Facebook algumas ideias a respeito das drogas e de sua regulação, uma senhora bastante zangada me fez uma reclamação curiosa: "Agora que a droga é legal, como explicarei aos meus filhos que se drogar é ruim?"

Já no universo juvenil se deu uma discussão muito interessante; afinal, era a primeira vez que os jovens se expressavam publicamente sobre as drogas com tanta liberdade.

---

40. Organismo das Nações Unidas que se encarrega de zelar pelo cumprimento dos tratados internacionais sobre drogas e, em seu informe anual, analisa as políticas e o debate atuais sobre narcóticos.
41. Série de TV baseada nos quadrinhos homônimos de Robert Kirkman, na qual sobreviventes de um acontecimento apocalíptico tentam sobreviver aos zumbis.

Os jovens consumidores de maconha estão se fazendo ouvir na defesa de seu direito de usar a substância. Para tanto, utilizam argumentos sofisticados, muitos deles baseados em evidências científicas; outros, nem tanto. Por exemplo, difundiu-se entre nossos jovens a ideia de que a maconha não produz nenhum tipo de efeito. Como já comentei, todo consumo tem consequências, sejam positivas ou negativas, e a convivência saudável ou não com esse consumo depende de vários fatores.

A diferenciação entre *consumo*, *consumo problemático ou conflituoso* e *adição* é fundamental para evitar a estigmatização/dramatização de determinados consumos e o subdiagnóstico.

A grande maioria de nós consome ou consumiu *drogas*, sejam substâncias legais ou ilegais. As drogas podem ser parte de nossos consumos habituais sem que isso nos traga transtornos significativos e sem que por isso nossa vida seja afetada negativamente.

O *consumo problemático ou conflituoso* ocorre quando, na vida do indivíduo, se observam problemas relacionados direta ou indiretamente com o consumo de determinada substância – seja legal ou ilegal. O *dependente* faz um consumo problemático de substâncias, mas um *consumidor problemático* não necessariamente é dependente.

O "problemático" não está relacionado apenas com o vínculo que a pessoa mantém com a substância, mas também com a oportunidade e o contexto nos quais se dá o consumo.

Um adolescente que se embebeda pela primeira vez, está sozinho, sobe em sua moto assustado pela experiência e tenta chegar em casa é um claro exemplo de *consumo problemático de álcool*.

Nesse caso não podemos falar de *adição*, mas é claro que esse consumo inicial pode gerar problemas graves de saúde no jovem – e talvez sua morte.

Outro consumo problemático, muito frequente no Rio da Prata, é beber "mate"[42] quando se padece de úlcera gástrica.

---

42. Infusão feita com folhas de erva-mate (*Ilex paraguariensis*) e água quente, embora em outros países seja consumida com sucos ou água gelada (tereré). De sabor ácido, produz um efeito estimulante devido à cafeína que contém.

Do consumo à adição

A forma como nos relacionamos com as substâncias que consumimos – nesse caso, as drogas – pode se dar de distintas formas.

Aqui nos concentraremos em cinco delas, nas quais certamente conseguiremos identificar nossos consumos segundo a substância abordada.

Convido-o a olhar para seus *consumos*, embora isso implique o risco de descobrir alguma *adição*.

No seu *Glossário de álcool e drogas*[43], a OMS tipifica cinco níveis de consumo para descrever as diferentes maneiras como podemos nos relacionar com as drogas.

No primeiro nível encontramos a opção de nos *abstermos* de consumi-las – por razões de saúde, pelo sabor, por ideologia, por péssimas lembranças de seu consumo experimental ou por haver desenvolvido um vínculo problemático e pensar no abandono de seu consumo como via de recuperação. Trata-se do consumo abstinente (Ruiz-Olivares, 2010).

Embora a *abstinência* tenha sido considerada a única via possível de recuperação para a adição, hoje temos outros enfoques que ampliam a possibilidade de tratamento quando a abstinência não é possível ou desejada.

A Redução de Riscos e Danos (RDD)[44] é uma estratégia que se baseia na decisão de não exercer um *consumo abstinente*. Há pessoas que encontram nesse caminho sua única possibilidade – o que é muito respeitável.

---

[43]. Disponível em: <https://docplayer.com.br/6336563-Glossario-de-alcool-e-drogas.html>.
[44]. Estratégia desenvolvida no norte da Europa nos anos 1980 diante do fracasso dos programas de combate às drogas e, sobretudo, em relação ao consumo de heroína injetável.

Na filosofia dos Alcoólicos Anônimos[45] e de grupos afins, explicitamente o objetivo é evitar qualquer consumo, já que isso dispararia uma onda frenética de consumos e excessos. A proposta *abstinente* é "só por hoje" – e cada dia é uma luta para evitar o consumo.

Chama-se consumo experimental aquele que se dá sobretudo em etapas iniciais da vida – infelizmente, cada vez mais iniciais.

Tem como finalidade a experimentação dos efeitos das substâncias, frequentemente induzida pelo grupo e por valores associados que promovem esse consumo.

Quando eu era adolescente, o ato de fumar estava relacionado com valores como masculinidade, poder, coragem e maturidade. Assim, meu encontro com o tabaco foi quase natural, principalmente porque provenho de uma família na qual os adultos fumavam.

Meu avô, imigrante alemão e fumante de duas carteiras de cigarros por dia, não só não reprovava esse consumo como, por vezes, compartilhava um "puro" comigo, embora eu tivesse só 12 anos.

Nessa época, não se considerava o tabaco uma droga – e seus efeitos nocivos eram pouco difundidos ou apresentados por meio de umas poucas mensagens contraditórias.

Fortes soldados norte-americanos combatendo os "maus" soldados japoneses sem que o cigarro lhes caísse da boca; galãs de cinema seduzindo belas mulheres mediante o influxo de suas palavras e a fumaça que saía de sua boca. Tudo isso nos fazia pensar que fumar não podia ser tão ruim.

A publicidade da época mostrava um loiro forte e aventureiro que, além de transpor obstáculos perigosos de maneira arriscada e engenhosa, era premiado com o sabor do seu Camel.

---

45. Comunidade internacional de auxílio contra o alcoolismo fundada em 1935.

Claro que esse consumo experiencial era oculto, clandestino e tinha gosto de aventura.

A procura de novas experiências também incluía a queima de outros elementos de eficácia duvidosa.

A palha do milho e até o próprio papel de uns "cigarros" muito brancos, longos e insípidos eram parte da experimentação à procura da recompensa oferecida por essa conduta proibida e desejada.

A lembrança de como nos escondíamos para fumar. Essa imagem da minha adolescência me faz sentir um pouco ingênuo ante o consumo explícito e visível de maconha por parte dos jovens de hoje.

Talvez seja porque estou envelhecendo... Não sei...

O consumo ocasional se dá quando determinadas circunstâncias ambientais se conjugam, favorecendo o acesso à substância.

Um exemplo que pode nos ajudar a entender esse nível é o dos *consumidores ocasionais* de *mate*. Estes são reconhecidos por sua abordagem, aparentemente casual e desinteressada, de portadores da desejada substância.

Quando estão a uma distância prudente, perguntam num tom de voz tímido e cúmplice: "Posso tomar um?"

O consumidor *ocasional* nunca leva o mate consigo porque não prevê sua futura vontade de bebê-lo. Esta surge quando ele vê outra pessoa bebendo mate. Não há investimento de tempo, dinheiro ou energia mental no planejamento e na execução de tal consumo.

São os chamados consumidores sociais. Esse consumo se pode dar com substâncias diversas: álcool, tabaco, maconha, cocaína etc. Embora nenhum consumo seja inócuo, este em geral não se mostra problemático, já que não é mantido por um padrão aditivo e pode ser interrompido com facilidade.

Quando falamos de consumo habitual, referimo-nos à instalação de um padrão de conduta que denota dependência da substância, tanto no plano físico como no psicológico. Nesse caso encontramos um indivíduo que investe tempo, energia e dinheiro para manter o consumo de determinada substância.

Embora não necessariamente haja danos permanentes e piora da qualidade de vida, podem-se observar efeitos nocivos relacionados com o consumo.

É preciso analisar como a publicidade de tabaco e de bebidas alcoólicas fortalece a ideia de que muitas condutas naturais e espontâneas são baseadas e definidas pelo consumo: a taça de vinho depois do trabalho, o mate da manhã, o cigarro depois do almoço.

Um jornalista perguntou a Marilyn Monroe, ícone maior da sensualidade, quais eram as três coisas de que mais gostava. Com malícia e agilidade mental, a loira lhe respondeu: "Um uísque antes e um cigarro depois".

Todos os comportamentos cotidianos podem ser mediados e facilitados pelo consumo de determinada substância, parecendo ser tal consumo o responsável pela conduta desejada.

Aqui já poderíamos falar de um possível vínculo de *dependência* – quando a pessoa sente que, se o comportamento não vier acompanhado do consumo, o resultado não será o esperado: "Se eu não beber meu café pela manhã, certamente não ficarei acordado para encarar a jornada".

Também aparecem sintomas diante da abstinência. Quando não uso a substância, experimento sofrimento físico e/ou psicológico, que me impele a não cessar o consumo.

É quando "o corpo pede", segundo expressam alguns pacientes.

A isso se denomina síndrome de abstinência, definida como o conjunto de sintomas com grau de intensidade variável que aparecem ao suspender ou reduzir o consumo de determinada substância psicoativa que vem sendo usada de maneira contínua, em geral por um período prolongado e/ou em doses altas.

Um consumo habitual e preocupante nos homens jovens de hoje é a ingestão de sildenafil[46] diante da possibilidade de ter uma relação sexual. A simples ideia de não obter o desempenho desejado no ato sexual os leva a tomar a substância como medida preventiva.

Hoje encontramos casos de dependência do sildenafil, com os riscos físicos e psicológicos que todo consumo aditivo implica.

O *consumo aditivo* ou *dependente* se apresenta nos indivíduos que inequivocamente consideramos *adictos*.

O consumo de determinada substância tem incidido negativamente em sua vida e os efeitos são evidentes, não só no plano físico como no social, familiar e profissional.

Uma característica diferencial entre consumo habitual e consumo aditivo é que, quando o consumidor habitual manifesta sintomas físicos relacionados a esse consumo, este pode ser suspenso com relativa facilidade.

O consumidor *dependente* é incapaz de interromper o consumo, mesmo que os danos sejam absolutamente visíveis.

Aparecem negações, desculpas, relativizações e todo um entorno que vê um problema que o adicto não vislumbra.

A adição poderia ser definida como uma relação compulsiva com determinada substância apesar dos danos gerados por essa conduta, da aparição de sintomas físicos e emocionais desagradáveis diante da abstinência e da experimentação de *craving* ou fissura – desejo intenso e prolongado de consumir determinada substância.

Segundo diferentes modelos explicativos, a fissura é consequência de um estado de desequilíbrio homeostático do organismo, associado à síndrome de abstinência. Sua função seria a de restabelecer o equilíbrio, já que a abstinência provocaria um sério mal-estar físico e psicológico.

---

46. O citrato de sildenafil (base de medicamentos como Viagra, Revatio etc.) é um fármaco utilizado para tratar a disfunção erétil e a hipertensão arterial pulmonar.

Esse estado de excitação mental e as ideias obsessivas daí oriundas surgem diante da mais ínfima referência ou imagem do objeto que satisfaz a necessidade de consumir. E, também, perante a lembrança de um estado prazenteiro obtido depois de consumida a substância.

Na maioria das propostas de reabilitação de dependentes, tanto ambulatoriais como residenciais, impõe-se uma regra explícita que surpreende aqueles que a conhecem pela primeira vez.

Alguns a consideram exagerada, pusilânime, recriminatória e até um símbolo do controle exercido pelos profissionais técnicos sobre os pacientes.

Conheci colegas que têm feito argumentações teóricas muito críticas e "foucaultianas"[47] a esse elemento da abordagem relacionada à fissura.

Num estágio que tive a oportunidade de realizar no Centro de Reabilitação Izcali[48], de Montevidéu, em 2003, vivi uma experiência que se mostrou engraçada e, ao mesmo tempo, ilustrativa.

Fazia uns anos que eu tinha regressado à minha cidade natal, Paysandú, reconhecida por vários motivos – sendo um deles a realização anual de uma das festas mais populares do Uruguai.

A Semana da Cerveja, criada há mais de 50 anos, abriga expressões artísticas, exposições, atividades esportivas e culturais que se realizam durante uma semana no fim de março ou no princípio de abril alternadamente.

Como seu nome indica, e embora tenha sofrido várias mudanças desde seus primórdios, festeja-se a cerveja, produto

---

47. O francês Michel Foucault (1926-1984) foi historiador, psicólogo, teórico social e filósofo. É reconhecido por seus escritos sobre o poder e as relações entre poder, conhecimento e discurso.
48. Instituição que se dedica ao cuidado da saúde humana e à reabilitação de dependentes químicos há mais de 20 anos em Montevidéu, Uruguai (www.izcali.com.uy).

de destaque em Paysandú desde os tempos em que ali funcionava a fábrica Norteña.

Como contei no início deste livro, minha família tinha uma cervejaria. E esta era abastecida por essa fábrica, a qual conheço bem de perto.

Pouco tempo depois de ter iniciado meu estágio na Izcalí, conheci um rapaz cujo nome não lembro, mas tenho na memória seu sotaque "baiano"[49].

Pois bem, durante um intervalo nas atividades da comunidade, esse rapaz, um dos usuários que ostentava o reconhecido sotaque "portunhol", entabulou conversa comigo.

Depois de fazer alguns comentários sobre a estadia em Izcalí e sobre minha presença ali, ele me olhou com expressão astuta e perguntou: "Então você vem de onde acontece a Semana do Bebível?" Surpreendido por suas palavras e entendendo que ele se referia à Semana da Cerveja de Paysandú, não pude evitar sorrir.

Imediatamente lembrei que, entre as regras principais de convivência e funcionamento de várias propostas terapêuticas, está a proibição de nomear substâncias.

Para referir-se às bebidas alcoólicas, nesse centro se utilizava a palavra *bebível*. *Fumável* designava a maconha e *inalável*, a cocaína.

O objetivo de usar sinônimos não é outro que evitar a fissura e diminuir ao máximo a aparição de imagens e sensações relacionadas com o consumo de substâncias; para tanto, dá-se preferência a nomes mais neutros.

Se essa prática parece exagerada ao leitor, basta lembrar que a publicidade utiliza essa mesma lógica para induzir-nos ao consumo de todo tipo de produto.

---

49. No Uruguai, chamam-se de "baianos" os habitantes das cidades do Norte, que fazem fronteira com o Brasil.

Pare de sofrer

Segundo Zygmunt Bauman (2010), a vida líquida atribui ao mundo, às coisas, aos animais e às pessoas a categoria de objetos de consumo – que perdem sua utilidade assim que são usados.

Os objetos de consumo têm uma perspectiva limitada e, quando ultrapassam esse limite, deixam de ser aptos para o consumo, tornando-se inúteis.

É por isso que o consumo tem como objetivos a satisfação instantânea e o descarte.

Necessitamos consumir mais e mais.

Consumimos coisas, consumimos drogas, consumimos pessoas.

O consumo, na atualidade, é uma importante fonte de prazer – seja pelo prazer que encerra em si mesmo ou pelo alívio do desprazer e da insatisfação habitual de quem vive num mundo cada vez mais carente de sentido, amor e vínculos verdadeiros.

Um mundo em que parece ser mais importante *ter* do que *ser*.

Em nossa linguagem cotidiana, dizemos que *temos parceiro*, e não que somos *maridos*, *namoradas* ou como queira denominá-los.

Temos filhos, mas nem sempre somos *pais* ou *mães*.

Temos um trabalho, mas raras vezes nos sentimos orgulhosamente *carpinteiros*, *padeiros* ou *psicólogos*.

O que "temos" nos define mais do que o que "somos".

E isso gera vazio e dor.

Fritz Perls[50] afirmava: "Nós nos transformamos numa so-

---

[50]. Friedrich Salomon Perls (1893-1970) era médico e psicanalista. Foi o pai da Gestalt-terapia.

ciedade que abomina a dor e o sofrimento. Tudo aquilo que não é divertido ou agradável deve ser evitado".

Evitamos, consciente ou inconscientemente, experiências que são fundamentais para o desenvolvimento e a realização de qualquer pessoa, mas também são dolorosas e/ou frustrantes.

Evitamos o compromisso afetivo, o contato, o envolvimento emocional, o encontro com o outro de maneira plena e sincera.

Isso é perigoso... Pode doer.

A maneira mais comum de evitar a dor ou o mal-estar é o consumo de alguma substância.

Há algum tempo comecei a observar minhas condutas nesse sentido.

Uma situação que me levou a analisar minha postura diante da dor e me surpreendeu foi a reação a uma situação que envolvia meu filho, Thiago.

Certa tarde, enquanto eu tentava me concentrar na leitura de um livro interessante, mas intelectualmente desafiador, meu filho adolescente se aproximou e disse que desde o dia anterior estava com dor de cabeça.

Tenho formação em bioenergética e em outras disciplinas que me ensinaram o valor terapêutico de ouvir nosso corpo e dar voz a nossos sintomas.

Sei que uma maneira direta de acalmar uma dor é deixar que esta se expresse e encontrar, pelo contato, a causa verdadeira desse mal-estar que "grita" por meio de uma moléstia corporal.

Pode ser angústia, estresse, raiva ou a lembrança inconsciente de algo que dói.

Apesar desse conhecimento e de minha formação, ouvi-me dizer a Thiago automaticamente e sem tirar os olhos do livro: "Não perca seu (meu) tempo... Tome uma Aspirina".

Meu filho se retirou com a clara intenção de consumir esse analgésico e eu fiquei confuso com minha resposta e um tanto desiludido comigo mesmo.

Lembrei vários momentos em que, por preguiça ou falta de tempo, "solucionei" mal-estares consumindo drogas, embora na forma de medicamentos comercializados livremente.

As drogas, sejam legais ou ilegais, não são criações mágicas nem substâncias de outro planeta.

São substâncias para consumo e, como tais, devem seu efeito e seu poder principalmente ao encontro com quem as consome em busca de se sentir melhor. Em busca de cessar o sofrimento, de acalmar o frio, de aliviar a dor, de evitar a solidão.

As drogas "abrigam", "alimentam", "acompanham", "empurram", "acalmam", "aliviam", "apoiam" e "nunca nos abandonam".

Como disse Joan Garriga[51], "as adições são amores seguros".

---

51. Psicólogo humanista, Gestalt-terapeuta e sócio-fundador do Institut Gestalt (Barcelona).

Drogar-se é um prazer, maravilhoso, sensual

As drogas dão prazer.

Até há pouco tempo, tal afirmação poderia gerar a quem a proferia um bombardeio de reprovações e pouco menos que a acusação de blasfêmia.

Unir a palavra *prazer* à palavra *droga* era quase uma heresia e uma apologia ao consumo.

No tango "Fumando espero"[52], Carlos Gardel canta com ardor e convicção:

> Fumar es un placer, genial, sensual.
> Fumando espero a la que tanto quiero
> Tras los cristales de alegres ventanales
> Y mientras fumo mi vida no consumo
> Porque flotando el humo me suelo adormecer.[53]

No ano de 2010, vivíamos o início da discussão daquela que seria a Lei n. 19.172 de regulação do mercado de *Cannabis* no Uruguai.

Os meios de comunicação nacionais se mostravam interessados nas experiências que as principais referências do governo e da política uruguaia haviam tido com o consumo de maconha.

Interesse esse que em outros países parece impensável, tanto no atrevimento em perguntar a respeito da vida privada como na disposição para responder.

---

52. Tango composto em 1922, com música de Juan Viladomar Masanas e letra de Félix Garzo.
53. "Fumar é um prazer, maravilhoso, sensual / Fumando espero aquela que tanto quero / Atrás dos cristais de alegres janelas / E enquanto fumo minha vida não desperdiço / Porque viajando na fumaça me sinto adormecer." [N. E.]

Muito menos com sinceridade.

Em um ato de bravura cuidadoso e, em alguns casos, libertário, vários representantes dos principais partidos políticos "saíram do armário" reconhecendo que, na juventude, haviam consumido maconha.

Um deles foi o então secretário da presidência Alberto Breccia, falecido em 2014. Na saída de um Conselho de Ministros, ele foi abordado pelas câmaras e pelos microfones ali presentes. Depois de alguma das indagações acerca do Conselho, vieram as perguntas obrigatórias naqueles tempos.

As luzes das câmaras se dirigiram para o rosto do entrevistado e começaram as perguntas dos jornalistas:

— O senhor fumou ou fuma maconha?

Rapidamente e sem hesitar, Breccia respondeu:

— Fumei maconha, mas não a consumo habitualmente.

Outro jornalista foi mais fundo:

— Por que fumou maconha?

Com a mesma tranquilidade e segurança, o porta-voz da presidência do Uruguai respondeu com uma sinceridade inédita até o momento:

— A experiência que tive quando fumei maconha foi satisfatória.

Ante a indagação dos efeitos que vivenciou, o entrevistado afirmou com clareza e simplicidade:

— Paz, tranquilidade, alegria.

Talvez, naquele momento, muitos de nós não estivessem conscientes de que um ministro, político de primeiríssima linha, não só reconhecia perante as câmaras ter consumido drogas como se afastava do politicamente correto ao reconhecer aspectos positivos e benéficos de seu consumo.

Rodríguez Piedrabuena (1996) nos mostra outro aspecto do consumo de drogas, referindo-se à adição ao tabaco:

A depressão do adicto representa um luto não realizado. Encontra felicidade e cura num conteúdo que só está em sua mente, que lhe dá prazer, mas na ressaca mostra seu rosto verdadeiro e mortífero; se fuma cigarro após cigarro é porque não encontra o que procura e tampouco pode enterrar esse prazer e despedir-se dele. É um encontro com algo que acalma e cura por sugestão. É um reencontro imaginário que pretende curar o desencontro com algo real.

Em seguida, o autor revela algumas das "virtudes" que o dependente químico atribui ao tabaco, virtudes essas que poderiam ser generalizadas para outros tipos de droga em maior ou menor medida:

> Fuma-se como ansiolítico, contra a confusão, contra a insegurança, contra a dor de cabeça, para frear o apetite, para curar a irritabilidade, o mau-humor, o nervosismo e a falta de controle, tanto na hora de comer como na hora de discutir.
> Para esconder a sensação de que se sente algo grave, de que se está doente... Serve para evitar o sofrimento... Para evitar a dor... Para ocultar um infortúnio... Paga-se o imposto rebelde das tosses toda manhã e de alguma taquicardia... Mas proporciona tranquilidade durante todo o dia.
> Porque, definitivamente, a adição é a felicidade, a calma, a paz.

O erotismo das drogas

Segundo o sociólogo argentino Alberto Bialakowsky[54], falar das drogas é "erótico".

Esse adjetivo faz referência à morbidez, ao interesse e ao medo que provoca no público a menção explícita a essas substâncias temidas, desejadas e misteriosas.

A indústria cinematográfica, sempre um pilar fundamental na instalação de paradigmas, tem contribuído explicitamente com esse imaginário ao relacionar as drogas com o sensual, o sexual e o orgástico.

O filme *Assassin of youth*[55] tenta doutrinar a plateia sobre os supostos efeitos perniciosos do consumo da *Cannabis*. Em seu cartaz publicitário, uma bela jovem e sensual parece ter caído nas garras de um baseado, que ocupa lugar central na imagem.

Outro exemplo é o filme *Marihuana*, de 1936, dirigido por Dwain Esper e escrito por sua esposa, Hildegarde Stadie. Em seu cartaz publicitário, o filme anuncia "estranhas orgias, festas selvagens e paixões desenfreadas".

Como em tantos outros assuntos, a mistura entre morbidez, sexualidade e mistério torna as coisas interessantes para a maioria das pessoas.

Há muitos anos, a maneira de prevenir o consumo de drogas se dava por essa *dimensão erótica*.

O palestrante, talvez um médico ou policial, trazia à escola ou à paróquia do bairro um arsenal de elementos para demonstrar seu conhecimento e seu manejo desse "flagelo".

---

54. Sociólogo, docente e especialista em equipes multidisciplinares de tratamento a usuários problemáticos de drogas. Tive a oportunidade de conhecê-lo pessoalmente no início dos anos 1990 numa conferência realizada no Balneário Atlântida (Canelones, Uruguai).
55. Filme lançado em 1937 e dirigido por Elmer Clifton, mostra a decadência e a libertinagem que a maconha produz numa cidade alienada pela violência e pelas orgias noturnas.

Sobre a mesa eram colocados cigarros de algo que parecia maconha, saquinhos com um pó branco e toda classe de artefatos hipoteticamente utilizáveis no consumo de drogas.

Em uma das paredes, e graças a um projetor de *slides* ou um retroprojetor, o palestrante expunha aos olhos de um público fascinado fotos de homens e mulheres com rostos e corpos extremamente deteriorados pelas drogas.

Também podiam ser utilizadas imagens de batidas policiais quase cinematográficas.

Há poucos anos, assisti a uma importante conferência em que foram projetadas imagens de cabeças cortadas por traficantes mexicanos. Não sei o porquê disso, mas registrei a contrariedade dos presentes, muitos dos quais se retiraram.

Em meus primeiros passos no ofício de oferecer palestras e oficinas à comunidade, sempre me chamava a atenção que os temas referentes às substâncias, suas formas de consumo e seus efeitos era a parte que mais entusiasmava o auditório.

— Que efeitos produz a droga?

— É verdade que a mistura entre álcool e cocaína é fatal?

— É verdade que dependentes injetam drogas nas veias das pernas?

Essas e outras perguntas eram formuladas com uma mistura de medo e curiosidade mórbida.

Talvez porque há 25 anos não havia tanta informação disponível, especialmente porque a internet não era tão acessível.

Talvez porque a maneira de entender as drogas, ditada pelos gestores globais da *guerra contra as drogas*, se baseava nessa "dimensão erótica".

Na atualidade, toda informação sobre as drogas está a um clique de distância na internet, na qual convivem tanto as informações de boa qualidade quanto as falácias.

Hoje, temos claro que nossos jovens sabem muito sobre as drogas, seus usos, seus efeitos e suas vias de consumo.

Com os anos, deixei de basear-me no "erotismo" ao dar minhas palestras. Centrar a discussão "na droga" e nos "drogados" nada tem que ver com uma proposta honesta de reflexão, aprendizagem e compreensão.

A adição sem drogas

Além do vínculo de adição a substâncias químicas, podemos ser adictos a *condutas* que nos dão alívio e prazer, similares ao consumo de algumas substâncias.

Assim como dizemos que as drogas não são boas nem ruins, algumas atividades podem ser muito proveitosas e parte importante na vida de qualquer um de nós.

Mas também podem ser comportamentos passíveis de desenvolver uma dependência com efeitos negativos para o indivíduo e para seu entorno.

A fim de entender melhor como um comportamento pode ser vivido de maneira aditiva, temos de separar a adição "física" da adição "psicológica".

Quando falamos em drogas, sabemos que a maioria delas pode gerar, ao mesmo tempo, *dependência física e psicológica*.

No caso da maconha, ainda está em discussão se quimicamente provoca dependência física, embora esteja claro que se estabelece uma dependência psicológica.

Quando falamos de "adição sem drogas", prevalece a dependência psicológica.

Partindo de um olhar holístico, segundo o qual somos *um todo*, não podemos ignorar o aporte de substâncias endógenas liberadas com o exercício de determinado comportamento, nem que a dependência também inclui as substâncias químicas que, internamente, nosso corpo produz diante de experiências significativas que vivemos.

Por exemplo, podemos pensar que as pessoas "viciadas" em atividades radicais, como saltar de paraquedas ou fazer *bungee jumping*, tornam-se dependentes da onda de adrenalina que experimentam.

Nessas condutas aditivas está implícita a compulsão ou a necessidade de realizar imperiosamente determinada coisa a fim de evitar a dor ou algum tipo de mal-estar vital.

Entre as condutas aditivas sem drogas mais conhecidas estão a adição ao jogo, ao trabalho (os *workaholics*), às compras, à comida e também aquelas mais recentes, relacionadas com as novas tecnologias.

A adição bem-vestida

Numa noite quente de março, cuja umidade prenunciava um futuro aguaceiro, eu aguardava no consultório o início de uma sessão familiar. Comigo estava Mariana, médica especialista em medicina familiar e comunitária, integrante da equipe do Sivida[56] desde seus primórdios.

Diante de nós se sentaram um jovem de 15 anos e seu pai, evidentemente irritado.

A consulta fora solicitada porque a mãe do rapaz descobrira em sua mochila papel para enrolar cigarros, um isqueiro e um saquinho com "uns matinhos suspeitos".

Isso disparou um alarme familiar, já que, inequivocamente, tratava-se de elementos para o consumo de maconha.

O pai sentia-se irritado, enganado e confuso. Seus gestos e a agitação de sua perna direita mostravam ansiedade e raiva contida.

— Não entendo... Não entendo... — repetia enquanto olhava alternadamente para mim e para Mariana.

— Eu me considero um bom pai... Passo mais de 16 horas por dia trabalhando para que não lhes falte nada... Não entendo.

Ao finalizar a frase, Mariana e eu nos olhamos, como se ambos tivéssemos descoberto o nó da situação.

Mentalmente, fiz uma simples conta: 16 horas de trabalho + cinco ou seis horas de sono + um par de horas para alimentar-se, tomar banho e cumprir com suas necessidades fisiológicas...

Quanto tempo lhe sobra para ser "um bom pai"?

É claro que aquele pai estava fazendo o melhor que podia.

---

56. Serviço Interdisciplinar para o Tratamento de Vínculos de Dependência e Adição da Sociedade Médica de Paysandú.

Éramos e somos portadores de uma introjeção cultural na qual o homem tem, na família, o papel de provedor, enquanto a mulher deve se ocupar primordialmente da casa e dos filhos.

As novas gerações puderam questionar essas introjeções, e as crises econômicas têm-se mostrado uma experiência muito dolorosa, mas também uma oportunidade de flexibilizar os papéis e apostar numa complementaridade que vai além da ordem patriarcal.

Aquele homem confuso e angustiado, sentado diante de nós, havia aprendido que ser "um bom pai" era trabalhar para que nada de material faltasse à sua família.

Embora ele faltasse.

Sou de uma geração em que nossos pais comungavam dessas ideias. Muitos de nós foram educados com a premissa de que "o trabalho vem em primeiro lugar" e todo o resto tem de se adaptar a tal premissa.

Talvez por herança de imigrantes, que vinham da Europa para "fazer a América", abandonando tudo para construir seu futuro por meio do trabalho.

Talvez por medo da carência material que se infiltrou em nossos genes vinda de antepassados que viveram tempos de guerra.

Ou talvez porque nós, homens, continuamos sentindo que devemos ser provedores em tempos de economia instável e trabalhos incertos.

É cada vez mais frequente encontrar no consultório os "viciados em trabalho", mesmo que se trate da adição de menor percepção de risco e dano e a mais difícil de diagnosticar.

Os *workaholics* são pessoas que desenvolvem um vínculo de dependência com o trabalho, sofrendo com todos os danos e a deterioração da qualidade de vida que provocam qualquer adição.

É uma adição "bem-vestida" por sua aparência positiva e de compromisso com o bem-estar familiar.

Soltar as muletas

Como em qualquer adição, os indicadores "diagnósticos" mais claros não estão no momento em que se exerce o comportamento, mas no tempo em que este não ocorre.

Em geral, os adictos ao trabalho são homens (embora eu tenha atendido mulheres com esse problema), que têm entre 30 e 50 anos e trabalham como profissionais liberais.

Podemos reconhecer um *workaholic* por sua incapacidade de desconectar-se de suas obrigações profissionais durante seu tempo livre.

Leva trabalho para casa, mesmo que objetivamente isso não seja necessário. Aos fins de semana, sente-se irritado, ansioso e/ou deprimido.

Vive estressado por sentir que, caso cometa um erro, poderá ser demitido. Angustia-se se não termina o trabalho pendente ao final do dia. A prioridade em sua vida é o trabalho – e a família tem de adaptar-se a essa circunstância. Só consegue conversar sobre o trabalho.

Tem dificuldade de delegar tarefas: "Se eu não fizer ninguém o fará". Necessita que seu trabalho seja reconhecido e admirado. Tem problemas familiares e vive distanciado dos amigos.

A adição ao trabalho também se manifesta em problemas físicos, facilmente relacionáveis com o estresse: tensões musculares e crônicas, problemas digestivos etc.

Se você reconhece algumas dessas características em si mesmo, sugiro que consulte um profissional para saber se é adicto(a) ao trabalho.

Quando esse comportamento é detectado a tempo, como outras adições, é possível encontrar o sentido dele. Seguramente você descobrirá que se trata de algo que está evitando, algo de que está fugindo.

Saberá por que evita estar sozinho consigo mesmo e com aqueles que amam você.

E, se você sente que não há ninguém que o ame, aí pode estar o sentido da sua adição.

O vício de querer ser outro(a)

Em uma noite dessas que nos convidam a sair, que na minha época de estudante eram a maioria, entrei num pub muito representativo da noite montevideana[57].

O El Lobizón era um estabelecimento frequentado por uma espécie de "boêmia chique". Lá se divertiam músicos, atores de TV, advogados, estudantes e empregados das lojas do centro da capital.

O nível de sua decoração, de seus produtos e de seu atendimento era diferente do dos "boliches" que eu também gostava de frequentar.

Entrando no mítico Lobizón, vejo de longe uma mesa com muitas pessoas, entre as quais identifico "Negro Jhonny", personagem conhecido do ambiente teatral montevideano, do qual eu também era *habitué*.

Eu o cumprimentei e ocupei um assento no balcão, perto da longa mesa onde Jhonny e umas 15 pessoas conversavam animadamente. Comunicavam-se em grupos pequenos, talvez porque a música do lugar impedia uma conversa mais grupal.

Do meu lugar no balcão, consegui ouvir com dificuldade algumas conversas do animado grupo. Falavam de "ligações telefônicas" e contavam piadas sobre as experiências que haviam tido ao telefone.

Em 1991, apareceram no Uruguai as primeiras propostas de "chat telefônico". Utilizando o telefone e ligando para determinado número, era possível falar com pessoas que compartilhavam os mesmos interesses.

Ofereciam-se chats para fazer amigos, humorísticos e também para encontrar um par ou uma conversa erótica.

---

[57]. Montevidéu, a capital do Uruguai, era o único lugar do país onde se podia estudar Psicologia nos anos 1990.

Tudo isso a um custo que, na soma de minutos, mostrava-se bastante oneroso ao usuário e muito lucrativo às empresas que o ofereciam.

Enquanto eu ouvia, com muita curiosidade, as conversas, "Negro Jhonny" se levantou para ir ao banheiro e, ao passar, me cumprimentou novamente. Não pude evitar a curiosidade e lhe perguntei do que tratava a reunião. O artista então me contou que seus companheiros de mesa eram assíduos visitantes de um "chat telefônico", no qual se "encontravam" para fazer amizades. Eles haviam concordado em reunir-se naquela noite no Lobizón para se encontrar pessoalmente pela primeira vez.

E, aproximando-se do meu ouvido, como que procurando sigilo para o que ia me dizer, confessou em tom grave: "Estou muito incomodado".

Olhei intrigado para ele, que voltando a inclinar-se explicou: "Não sei do que falar. Quero ir embora".

Olhando-o nos olhos e oferecendo-lhe um modesto apoio com uma mão em seu ombro, perguntei: "Mas não é o que você faz pelo telefone? Falar com outras pessoas?"

Jhonny me respondeu como se eu não entendesse nada: "Sim... Mas não é a mesma coisa... Agora eles podem me ver".

Essa história que compartilho tenta mostrar o que mudou e o que permanece com respeito ao uso da tecnologia.

Esse encontro com Jhonny me ensinou que, independentemente do meio utilizado, o fim procurado por muitas pessoas pode ser o mesmo: *que não me vejam para que eu possa não ser eu por alguns instantes.*

Com o crescimento da internet, os chats telefônicos foram suplantados pelos chats on-line e, recentemente, pelo que chamamos de *redes sociais*[58].

---

[58]. Nome genérico que recebem as distintas plataformas tecnológicas conectadas por internet e integradas por pessoas, entidades ou organizações que se conectam entre si por um ou vários tipos de relação (amizade, econômicas, interesses comuns etc.).

Além das maravilhas que nos permitem esses avanços tecnológicos, precisamos reconhecer também que eles têm oferecido novos cenários para velhos problemas.

Novas maneiras de seguir "exercendo" nossa neurose e obter certo equilíbrio na vida.

Não falta quem acuse a tecnologia dos males de nossa sociedade, especialmente no que se refere aos jovens, que parecem ter sido "apanhados" pelas "redes do mundo virtual".

Lembro-me de um artigo que li há vários anos e que recuperei para compartilhar neste livro. O texto fazia uma furiosa crítica a um aparelho que havia invadido os lares: "Esse artefato que entrou em nossas casas traz más influências e tem feito que a família já não se comunique como antes".

O artigo oferecia mais exemplos dos malefícios desse invento tecnológico e a proposta de que, ao destruir todos os aparelhos disponíveis, seria possível recuperar a família e sua maneira "tradicional" de relacionar-se. Ele se referia ao advento do *rádio* e de sua massificação nos lares americanos nos anos 1920.

Como vemos, cada avanço científico pode ser utilizado como "bode expiatório" para fenômenos negativos relacionados com a tecnologia, embora de modo nenhum sejam definidos por ela.

Os vínculos aditivos podem adotar distintas maneiras, mas não deixam de ser os mesmos.

Uma via para alcançar paz, tranquilidade e equilíbrio numa vida difícil.

Uma vida da qual quero escapar, ainda que temporariamente, e mostrar-me mais como a pessoa *que eu gostaria de ser* do a que *sou*.

Deixar de ser eu por um tempo. Ainda que isso tenha um preço.

Enredados

As tecnologias relacionadas à internet, e seu uso, merecem um capítulo específico pela variedade de apresentações e pelas possibilidades de "não ser eu" com que podem brindar a quem procura escapar de si mesmo.

O acesso a novas tecnologias tem provocado mudanças nos comportamentos aditivos, já que, por exemplo, os adictos de comunicações telefônicas hoje encontram, nas redes sociais e em outros sites de interação, um espaço no qual podem se relacionar com a segurança e o anonimato que caracterizam essa ferramenta tecnológica.

Como acontece diante de qualquer inovação tecnológica, o advento da internet melhorou a qualidade de vida de todos nós e proporcionou um salto quântico na evolução do conhecimento.

Não obstante, essa mesma tecnologia tem provocado uma série de transtornos de comportamento, que assim mostram o lado "negativo" desse avanço.

O uso excessivo e o vínculo de dependência com a internet acabam deteriorando fortemente a vida social e relacional de alguns indivíduos: "Estes podem ser totalmente absorvidos pela experiência virtual, ficando literalmente viciados na rede" (Jamison, 2000).

A adição à internet, seja influindo nos vínculos interpessoais (chat, redes sociais etc.) ou no consumo de pornografia através da rede, converteu-se no foco de atenção de especialistas devido aos danos potenciais que pode gerar no âmbito familiar e nas habilidades interpessoais.

Hoje são numerosas as consultas de pais muito preocupados com a quantidade de horas que os filhos passam diante do computador ou da tela do celular, além da escassa utilização de seu tempo em atividades esportivas e ao ar livre.

Como pai de um adolescente, é muito tentador responsabilizar as novas tecnologias por comportamentos que, segundo minha experiência de ter sido adolescente no século passado, me custam muito entender e aceitar.

No começo dos anos 2000, o "jogo" Second Life (Segunda Vida) se popularizou na internet. Trata-se de uma plataforma virtual da qual se pode fazer parte gratuitamente, embora logo sejam oferecidos benefícios a quem esteja disposto a pagar por eles.

Seus usuários, conhecidos como "residentes", podem entrar nesse mundo virtual mediante o uso de um dos múltiplos programas de interface chamados de *viewers*, os quais lhes permitem interagir entre si mediante um *avatar*[59].

O conceito de *avatar* foi posteriormente utilizado por James Cameron no filme com esse mesmo nome, no qual a tecnologia permite conquistas que vão muito além das possibilidades reais de seus usuários. Nesse filme, um ex-combatente, confinado à sua cadeira de rodas, recobra a capacidade de caminhar, saltar e fazer diversas outras coisas.

Voltando ao Second Life, seus "residentes" exploram um mundo virtual, interagem com outros residentes, estabelecem "relações sociais", participam de diversas atividades – tanto individuais quanto em grupo –, criam e oferecem serviços ou negócios.

Há histórias de "residentes" que alcançaram grande sucesso, sendo "trabalhadores virtuais" em ocupações que podem resultar curiosas. Um exemplo claro é o de Alejandro Canedo, da Bolívia, que escapou das dificuldades econômicas pelas quais passava convertendo-se numa dançarina de *pole*

---

[59]. Representação gráfica associada a determinado usuário. Os avatares podem ser fotografias ou desenhos artísticos, e algumas tecnologias permitem o uso de representações tridimensionais.

dance chamada Wara (http://radioambulante.org/transcripcion/transcripcion-wara).

O conceito é interessante, uma forma mais ou menos tangível de viver a vida como se fosse outra pessoa.

Posso customizar tudo aquilo que apresento como interface a outros usuários, com o acordo tácito de que aqui importa o que se vê... Não o que se é. A possibilidade de ter uma *vida sob medida* se transforma em realidade no Second Life.

Hoje interagimos naturalmente com possibilidades virtuais que também seguem as lógicas de uma "segunda vida".

Nas redes sociais, posso mostrar uma vida que não é real, ou pelo menos que é parte da minha vida real.

Uma das características das redes sociais é a exposição de corpos com pouca vestimenta ou nus. Podemos observar com frequência, nas pessoas que "habitam" as redes sociais, uma tentativa de mostrar a "verdade" utilizando a "nudez".

A nudez vestida

No vídeo de apresentação de seu filme *A dança da realidade*, Alejandro Jodorowsky[60] aparece sentado numa poltrona completamente nu.

Olhando diretamente para a câmara, ele diz: "Não vejo nenhuma diferença entre despir o corpo e despir a alma. É assim que estou em plena honestidade, desvestido de corpo, desvestido de alma".

À sua direita, um bonsai; atrás dele, uma biblioteca com vários livros; à sua esquerda, o que parece ser uma bela lareira branca.

Esse poderia ser seu consultório ou uma parte de sua casa.

Ao observá-lo, além de ver um mestre e referência da psicologia *como Deus o trouxe ao mundo*, relaciono essa experiência com o que frequentemente vemos nas redes sociais.

No vídeo, Jodorowsky está *nu*, mas não des*pido*.

Está vestido de uma *cenografia*, de uma *iluminação*, de *planos* cuidadosos, de *gestos com as mãos* que alternadamente acompanham suas palavras e cobrem seus genitais.

Não é uma crítica ao conteúdo, nem à maneira utilizada por Jodorowsky para promover seu filme. Uso o exemplo para explicar que "nu" não é o mesmo que ficar "despido".

O mesmo ocorre com a alma.

As fotos que vemos nas *redes* não desnudam o corpo nem a alma. Não mostram o que é, mas o que *queremos que os outros vejam de nós*. Quero que acreditem que esse sou eu... Embora saiba que não sou assim.

---

[60]. Artista franco-chileno nascido em 1929. Escritor, diretor de cinema e referência da psicologia xamânica. Seu trabalho mais divulgado e controverso é a "Psicomagia", técnica que conjuga os ritos xamânicos, o teatro e a psicanálise.

É o lado atraente de *não ser eu*.

O atrativo das drogas, e dos comportamentos veiculados pela tecnologia, é a maravilhosa possibilidade de *não ser eu*, ainda que por um tempo.

Assim como a tranquilidade e a paz proporcionadas pela maconha, a força e o ânimo oriundos de uma grama de cocaína, a loquacidade e a energia que me outorgam as bebidas alcoólicas.

Procuramos o que nos permita não ser *nós mesmos e nossas circunstâncias*, parafraseando Ortega y Gasset[61].

---

61. José Ortega y Gasset (1883-1955), filósofo e ensaísta espanhol e principal expoente da teoria do perspectivismo e da razão vital e histórica.

Comer ou não comer para sobreviver

As condutas aditivas relacionadas com a alimentação também merecem um capítulo específico. Embora hoje se descreva uma infinidade de transtornos, abordarei os que considero mais comuns na clínica psicológica uruguaia.

A *bulimia nervosa*, a *anorexia nervosa* e a *obesidade*, entre outras, são consideradas condutas aditivas, e seu tratamento segue parâmetros similares a qualquer reabilitação de adição às drogas.

O termo *anorexia*, bem como o modo como popularmente se define esse transtorno, na verdade é um conceito descritivo que significa *perda de apetite*. A *anorexia nervosa* consiste numa repulsão absoluta a comer por medo de engordar. As pessoas que padecem desse transtorno têm uma imagem distorcida do próprio corpo e se veem gordas, inclusive quando estão perigosamente magras. Negam-se a comer, fazem exercícios compulsivamente e desenvolvem hábitos incomuns, como se recusar a comer diante de outras pessoas. Podem chegar, inclusive, à inanição, ou seja, à morte por falta de alimento. É mais característico de mulheres que de homens, mas se descrevem casos em ambos.

Quem padece de *bulimia nervosa* não experimenta repulsão pelo alimento; ao contrário, se empanturra de comida. Trata-se de uma conduta impulsiva em que se consome uma grande quantidade de alimento num curto período. Em seguida, aparecem o medo de engordar e a busca de mecanismo de expulsão da comida ingerida. Em geral, provoca-se o vômito de maneira mecânica ou com a ingestão de substâncias eméticas.

Aqueles que padecem de *anorexia nervosa* sofrem de uma distorção em sua autoimagem corporal. Quando param diante do espelho, veem um volume corporal muito maior do que os outros enxergam. Veem-se desproporcionais, obesos.

Quando o esporte não é saúde

A popular frase "esporte é saúde" é usada com muita frequência para incentivar as pessoas sedentárias a mudar seu estilo de vida e colocar o corpo para se mexer.

É verdade que a atividade física tem múltiplos benefícios para a saúde. Mas existem práticas esportivas que, pela *forma* como são realizadas ou por seu *propósito*, transformam-se em condutas nocivas à saúde.

A *vigorexia* é um dos novos transtornos que têm sido comparados à dependência de substâncias. Afeta principalmente homens, entre 18 e 30 anos, e podemos considerá-la um transtorno oposto à *anorexia*.

Aqueles que padecem de *vigorexia* estão obcecados com sua aparência física, em especial com sua massa muscular. Quando olham para o espelho, veem uma imagem de debilidade, fragilidade e magreza.

Na *vigorexia*, o indivíduo tende a realizar atividades físicas extremas, tarefa à qual se dedica por muitas horas diárias. Passa várias horas por dia em academias, onde faz musculação – complementada por um preocupante e arriscado consumo de anabolizantes, proteínas, carboidratos e outros compostos que aumentam a massa muscular.

O diagnóstico desse transtorno é difícil, já que a atividade física é considerada algo saudável. "Esporte é saúde."

Mas, como disse Paracelso[62], "tudo é veneno, nada é veneno. A diferença está na dose".

E podemos acrescentar: e no "para quê".

---

62. Alquimista, médico e astrólogo suíço que viveu entre 1493 e 1541.

O risco da alimentação perfeita

Outro transtorno cujo nome gera risinhos durante minhas palestras é a *ortorexia*.

Na gíria rio-platense, a palavra "orto" faz referência ao traseiro dos humanos. É sinônimo de "cu".

A *ortorexia* não é a adição a nenhuma parte do corpo humano. Do grego *orthos*, "correto", e *orexis*, "apetite", trata-se de um transtorno que se expressa na *preocupação excessiva em ter uma dieta saudável*, mas a qualquer preço.

É um dos transtornos de alimentação cuja frequência tem crescido notoriamente, possivelmente devido ao surgimento de novas tendências que oferecem maior consciência sobre os alimentos que consumimos e seus efeitos em nossa saúde.

Os indivíduos *ortoréxicos* evitam por completo o consumo de alimentos de fácil acesso, por considerá-los demasiado industrializados e por terem colorantes ou outros aditivos.

Excluem da dieta comidas que consideram "perigosas", tornando-se adeptos de formas de alimentação relacionadas com filosofias de vida, como o vegetarianismo, o crudivorismo e o ovolactovegetarianismo.

É preciso diferenciar quem padece desse transtorno de quem pratica formas de alimentação saudáveis sustentadas pelo conhecimento e por uma filosofia de vida.

Os portadores de ortorexia mudam de uma prática para outra e não substituem de forma pensada e saudável os alimentos aos quais renunciam.

Assim como a *vigorexia,* a ortorexia é de difícil diagnóstico, já que parece estar motivada pela saúde e pela busca do bem-estar.

Porém, quando a saúde é afetada, percebemos que há outras motivações – a tentativa de controlar totalmente a própria vida, de escapar de traumas ou medos. A busca da magreza, da melhora da autoestima, uma busca espiritual frustrada.

Aqueles que padecem de ortorexia usam sua maneira de alimentar-se para criar uma identidade e ver um sentido na vida. Ou talvez seja para chamar a atenção das pessoas ao seu redor.

Engordar como escudo

Adriana me ligou numa tarde de verão para marcar uma consulta. Por telefone, parecia ser uma pessoa mais velha, simpática e muito amável.

Ao recebê-la no consultório, em um dos dias mais quentes daquele mês de fevereiro, deparei com uma jovem de 39 anos que, agitadamente, me cumprimentava enquanto trocávamos os comentários meteorológicos de praxe.

— Que tardezinha, hein? Que calor maluco!" — diz-me com um sorriso simpático enquanto me cumprimenta e se apresenta.

Já no refúgio do ar-condicionado do meu consultório, Adriana conta o motivo de sua consulta.

— Estou preocupada com minha obesidade. Estou bastante contrariada, e meu médico disse que tenho de emagrecer porque já estou diabética.

O que em princípio me pareceu um caso típico de consulta em virtude da obesidade no decorrer das sessões sofreu uma virada inesperada.

Ou talvez esperada.

Depois de alguns encontros nos quais enfocamos seus hábitos alimentares, seus antecedentes familiares, sua atividade física quase nula e sua dificuldade de estabelecer vínculos amorosos duradouros, o sentido de sua obesidade foi se revelando.

Numa das sessões, propus-lhe uma experiência gestáltica, a da "cadeira vazia"[63] com sua gordura corporal, tentando

---

[63]. Conhecida também como *hot seat*, é uma técnica da Gestalt-terapia que propõe "colocar", em uma cadeira ou almofada diante do paciente, outra pessoa, situação ou parte do próprio paciente. De forma imaginária, este é convidado a estabelecer um "dialogo" a fim de "escutar" aquilo que foi posto na cadeira.

descentralizar a intervenção na alimentação e procurando "escutar" seu sobrepeso.

Ainda com expressão surpresa, Adriana aceitou a proposta e se entregou à experiência.

Começamos com um breve relaxamento, procurando um estado de semi-hipnose no qual sua mente racional silenciasse um pouco para que ela tomasse mais consciência de seu corpo e de "si mesma".

Quando Adriana conseguiu pôr diante de si sua gordura corporal e "dar-lhe voz", sugeri que lhe perguntasse *para que* tomava seu corpo daquela maneira.

A "gordura" começou dizendo que estava ali para "engordá-la", para prejudicá-la, para tomar seus órgãos e adoecê-los e toda série de propósitos negativos.

Até esse momento, o sentido de sua obesidade era só prejudicá-la, adoecê-la e dificultar-lhe a vida até a morte.

Se tivéssemos ficado nisso, poderíamos concluir que sua obesidade queria matá-la.

Aumentando e sincronizando nossas respirações para continuar aprofundando o tema, convidei Adriana a "escutar" um pouco mais sua gordura corporal.

Uma lágrima escorreu por sua face esquerda até o canto dos lábios e ela ficou em silêncio.

Sua boca adquiriu uma forma estranha, uma mistura de surpresa e desgosto.

— Não entendo — ela me diz. — Ela disse que gosta de mim.

— Quem disse que gosta de você? — pergunto curioso.

— A gordura... Disse que gosta de mim e que está no meu corpo para cuidar de mim.

Com entusiasmo e o coração batendo forte, proponho que Adriana pergunte à sua gordura *como* é essa história de que está cuidando dela.

Sua respiração se agita e as lágrimas começam a cair como uma torrente; com delicadeza, ponho dois lenços de papel nas mãos dela, convidando-a a manter contato.

— Está cuidando de mim para que não me estuprem... De novo.

Adriana desata um choro profundo, desolador e certamente muito antigo. Um choro gutural, desses que parecem vir das entranhas.

Depois de vários minutos de choro e soluços, que geraram profundo alívio em mim, Adriana ficou em condições de entender e de compartilhar o sentido que havia encontrado em sua obesidade.

A gordura, que durante anos ela havia acumulado ao redor do corpo, estava ali para protegê-la.

Com um pouco mais de tranquilidade, mas ainda chorando, ela conta que, ainda pequena, fora abusada sexualmente.

Por oito anos, o companheiro da mãe a havia estuprado sistematicamente, ameaçando matar sua parceira se Adriana contasse alguma coisa.

Sua mãe, uma mulher com depressão grave, várias tentativas de suicídio e grande consumidora de psicofármacos, esteve emocionalmente ausente durante a infância de Adriana.

Não era alguém em quem se podia confiar para denunciar esse abuso. Ou pelo menos foi o que motivou Adriana a guardar o segredo até aquele momento.

Não poder processar a situação fez que ela encontrasse em sua obesidade uma barreira protetora que a manteve "a salvo" de outros homens potencialmente perigosos.

— Engordei e me tornei feia para que os homens não se interessassem por mim. Tenho medo de ser abusada novamente.

Embora Adriana houvesse tido algumas relações sexuais com homens, essas experiências foram vividas com muita dor e tensão, e sempre desembocavam no fim da relação.

Seus vínculos amorosos terminavam bruscamente depois da primeira experiência de intimidade física. Adriana vivenciava tais experiências como abuso – ou melhor, revivia o estupro.

Ao relacionar sua obesidade com sua experiência de abuso, Adriana pôde trabalhar seu verdadeiro problema, *sua experiência de abuso infantil*.

Ao longo da terapia, ela encontrou um companheiro, deixou a casa da mãe e logo engravidou do primeiro filho.

Realizei algumas sessões com a mãe de Adriana, que não colaborou muito com o processo. A recuperação da filha e sua abertura e disponibilidade para ter um parceiro a levaram a dar-se conta da própria solidão.

A paciente mantém contato comigo, com visitas esporádicas para realizar o que ela chama de "uma alinhadinha", como as que fazemos nos pneus do carro para que este se mantenha no caminho.

Perdeu bastante peso e, casada, espera seu segundo filho. Ainda não contou sobre os estupros à mãe e acredita não ser necessário fazê-lo.

Sua mãe internou-se numa clínica especializada e encarou o tratamento contra depressão.

Embora eu não seja especialista em obesidade, tenho aprendido bastante, graças a meus pacientes, sobre os diferentes *para quês* da obesidade.

Do ponto de vista da dinâmica familiar, encontramos as mesmas lógicas da *codependência*[64], que estão presentes em outros comportamentos aditivos.

Todo tratamento de obesidade requer um forte trabalho psicoterapêutico – com o obeso e com sua família e seus referenciais afetivos.

---

64. Vínculo aditivo que se estabelece com aquele que sofre de uma adição – por exemplo, a mãe de um dependente químico que dedica sua vida à "salvação" do filho (veja o próximo capítulo).

Adriana me ensinou que, se tivermos paciência para ver além de um transtorno, podemos encontrar nele um sentido positivo.

Engordamos como proteção, como resguardo diante da possível carência, como símbolo imaginário de saúde, como lealdade a uma família ou a um antepassado obeso, por amor ou por vingança.

Como toda adição, a obesidade tem um sentido "positivo", uma forma de resolver determinada situação que ameaça a existência.

O papel da família

A família tem a tarefa de facilitar e fomentar a aquisição de habilidades e recursos em seus indivíduos para que estes cheguem à vida adulta de maneira criativa e autônoma.

Porém, o que vemos em muitas famílias está longe dessa premissa.

Em 2007, o Observatório Uruguaio de Drogas da Junta Nacional de Drogas do Uruguai realizou a "Terceira Pesquisa Nacional e Quarta em Montevidéu sobre o Consumo de Drogas por Estudantes de Ensino Médio".

Além de avaliar outros indicadores, o estudo analisou os fatores individuais e contextuais de proteção que inibem, reduzem ou atenuam a probabilidade de uso ou abuso de drogas.

Especificamente, enfocou o comportamento e a atitude dos pais de adolescentes e o grau de comprometimento familiar dos progenitores.

Um trabalho posterior, publicado por Gabriela Olivera, analisou os dados obtidos, e seus resultados são mais que claros no momento de pensar a importância do comprometimento familiar no comportamento dos filhos, sobretudo no que se refere ao consumo de drogas.

Uma das coisas que mais me interessaram no estudo foi a clareza que traz sobre o que significa "comprometer-se" como pais (JND, 25/6/2017).

ACOMPANHAMENTO E APOIO

Compartilhar uma refeição ao dia (almoço ou jantar), uma atividade ao ar livre, um esporte, uma conversa e participar da realização de tarefas escolares.

O tempo juntos e os espaços de diálogo ajudam a resolução de conflitos e o controle das emoções.

CONTROLE E ESTABELECIMENTO DE LIMITES

Conhecer os amigos dos filhos e saber quando e onde estes se dedicam ao estudo, ao esporte e às atividades on-line.

Não significa que devamos transformar-nos em "detetives", mas que é preciso ter certo controle e conhecimento de onde nossos filhos estão quando fora de casa.

COMUNICAÇÃO

Uma comunicação assertiva, emocional e amorosa ajuda a falar de assuntos que podem ser difíceis, evitando posturas nostálgicas que aumentem a brecha geracional.

Não se trata de converter-nos em "velhoscentes"; falar e agir como adolescentes anacrônicos não nos ajudará a ter uma comunicação melhor com nossos filhos.

O trabalho de Olivera se mostrou muito útil para orientar pais, mães e referências afetivas quando estes solicitam respostas claras acerca de como melhorar sua presença e o acompanhamento aos jovens que estão sob sua responsabilidade.

A "VI Pesquisa Nacional sobre Consumo de Drogas por Estudantes do Ensino Médio", publicada em 2014, apresenta dados relevantes em relação ao consumo de drogas e ao comprometimento dos pais.

No Capítulo 4, o estudo afirma: "Verifica-se que os estudantes que relatam que seus pais têm um alto comprometimento com as atividades e situações de sua vida cotidiana mostram um menor uso de todas as drogas, seja de tipo experimental, ocasional ou habitual".

O estudo do Observatório Uruguaio de Drogas mostra que o risco relativo varia de *2,1* a *3,7*, o que significa que a presença desse fator protetor *reduz a probabilidade de consumir drogas em três a quatro vezes*, dependendo da substância.

Nós, pais, estamos confusos e às vezes caímos na impotência quando se trata de dar liberdade e impor limites.

Resulta-nos difícil encontrar esse equilíbrio entre proteger, orientar e soltar. Especialmente na adolescência, quando nossos filhos parecem ser *adultos* em alguns aspectos, mas se comportam como *crianças* em outros.

O que tenho claro é que nós, adultos, não vamos encontrar esse equilíbrio se nos comportamos como *adolescentes*.

Os filhos da crise

Hoje, encontramos cada vez mais adultos infantilizados. Ou, como disse o professor Víctor Giorgi[65], "adultos adolescentizados".

> [...] Essa imagem do adulto como pessoa de vida resolvida, com segurança econômica e estabilidade de vínculos afetivos – experiência que lhes permite resolver os problemas vitais – se esfacela diante dos olhos das novas gerações.
> Emerge em seu lugar um adulto oprimido, inseguro, cuja experiência não se apresenta como fonte de sabedoria, mas como acúmulo de fracassos e frustrações. Adultos com pouca capacidade de atenção e escuta, adolescentizados e fragilizados, que não aparecem como modelos nem como modelos de autoridade.
> Os adolescentes já não desejam ser como os adultos [...].
> (Comissão Interinstitucional Nacional de Drogas do Uruguai, 2009)

Pais e mães impotentes, confusos, que se eximem de sua tarefa de ser modelos.

Adultos que relegam aos próprios filhos o papel de impor limites, manter regras e tomar decisões que só correspondem aos pais.

A profunda crise econômica que se abateu sobre a América Latina nos últimos anos provocou uma ruptura na malha vincular entre pais e filhos – sobretudo nas famílias em que os adultos perderam o emprego ou foram à falência. Lares em que os adultos se deprimiram, emigraram, separaram-se de seus cônjuges e/ou desenvolveram uma adição.

---

65. Psicólogo, professor e ex-decano da Faculdade de Psicologia da Universidad de la República. Ex-presidente do Instituto da Criança e do Adolescente do Uruguai, é diretor-geral do Instituto Interamericano da Criança e do Adolescente (OEA).

Os "filhos da crise" são, no presente, esses adolescentes conflituosos, indiferentes, onipotentes e profundamente impotentes no momento de passar para a vida adulta.

Ainda não tomamos consciência do impacto que essas situações de desmoronamento econômico têm ocasionado às famílias que delas padeceram e às gerações vindouras.

Considero fundamental o trabalho com esses *adultos adolescentizados* para que recuperem seu poder e seu lugar como orientadores e modelo dos futuros adolescentes.

Em tempos de mudanças vertiginosas e crises globais, nós, pais, vemos o chão tremer, o que põe em permanente revisão nosso papel e nossas atribuições.

A imagem de pais "juvenis", "agradáveis" e "na moda" gera uma proximidade geracional e, quando não, uma confusão entre pais e filhos.

O problema não é a juventude, o ânimo e a diversão que permitem os pais dessa geração, se comparados com nossos pais e avós. A dificuldade está na perda de um lugar de autoridade e de uma tarefa fundamental: acompanhar nossos filhos até que eles possam "voar".

Talvez o cantor uruguaio Alfredo Zitarrosa[66] a tenha definido bem em sua canção "Milonga para una niña":

Puedo enseñarte a volar.
Pero no seguirte el vuelo.[67]

---

66. Cantor, autor, poeta, escritor e jornalista uruguaio. É considerado uma das figuras mais destacadas da música popular do Uruguai e de toda América Latina (1936--1989).
67. Posso ensinar-te a voar / Mais não seguirei voo contigo. [N. E.]

Codependência: a adição ao outro

Conheci Carolina uns dez anos atrás, quando ela era uma jovem mãe e cuidava sozinha de seu único filho, Mateo (que no momento da consulta tinha 16 anos), depois que seu marido faleceu em decorrência de um acidente vascular cerebral.

Carolina marcou uma consulta por estar preocupada com o consumo de maconha e de álcool pelo filho. Ela descobrira isso alguns meses antes. Compareceu ao consultório sozinha, pois Mateo disse que de jeito nenhum iria a um "manicômio".

Logo que abri a porta do consultório, Carolina começou a soluçar e se afogou num choro incontrolável. Alternava as lágrimas com tentativas de recompor-se, enquanto dizia: "Desculpe-me... Estou destroçada... Não quero ficar assim".

Com voz tranquila, pedi-lhe que não se desculpasse, pois era positivo que chorasse; faria muito bem a ela descarregar sua angústia.

Carolina fez algumas tentativas de conter o choro e, clareando a voz, começou a relatar-me o problema que a levava à consulta.

Ela vivia de uma boa pensão que o marido lhe deixara ao falecer, e naquele momento não fazia nenhuma outra atividade que as tarefas do lar e a criação do filho.

Quando perguntei sobre sua vida afetiva, ela respondeu incomodada que nem pensava em voltar a ter um parceiro, e disse uma das frases mais indicativas de um vínculo codependente: "Eu vivo por meu filho".

Essa frase, muito ouvida nos consultórios e em instituições de apoio a dependentes químicos, mostra por si só qual é o problema.

Revela uma forma de relação bastante nociva entre pais e filhos.

É muito comum ouvi-la dos lábios de mães divorciadas ou viúvas. E também de mulheres que, ainda casadas, encontram nos filhos o sentido da vida.

Quando ouço frases como essa, ditas com orgulho e abnegação, surgem duas sensações que identifico com clareza: tristeza e vazio.

Tristeza por essas mulheres, mas principalmente por seus filhos.

Essas mães não estão conscientes dos danos que esse tipo de relação, permeada de sacrifício e abnegação, provoca tanto nos filhos como nos pais e mães.

Ao dizer "eu vivo por meu filho", entendemos que a pessoa dedica sua vida, seu cuidado, a seu rebento. Mas também que renunciou a grande parte da própria existência em "benefício" do filho.

Se ouvirmos com atenção, essas mães dizem *viver por seu filho ou sua filha*.

Sua vida se mantém por meio desse vínculo. Sem seu filho, ela não teria vida. Vive a vida por intermédio de outro.

A *codependência* é a dependência do outro, a adição àquele que precisa de mim e, assim, dá sentido à minha vida. Um motor para manter minha existência.

São padrões de conduta e pensamentos que se repetem de maneira compulsiva diante de uma relação doente e alienante com alguém em situação de doença ou desamparo.

Alguém que *ajudamos* para ter de quem nos ocupar, para ter com quem nos preocupar.

Como toda adição, a codependência também tem um sentido e uma razão de ser. Em todo vínculo de codependência, encontramos pessoas (em geral mulheres) de meia-idade ou idosas, sem vínculos afetivos significativos, com uma vida amorosa e sexual conflituosa ou quase inexistente e sem um projeto de realização pessoal.

Seu projeto de vida é "salvar o dependente", seja seu filho ou seu parceiro.

Nos homens, a codependência se expressa de outra maneira. Perante a dependência de seus filhos, os homens alternam posturas rígidas com a fuga física ou emocional.

Por regras sociais muito acentuadas em nosso continente, nós, homens, somos liberados de tarefas e responsabilidades para com os filhos. Com grande frequência "fugimos" para obrigações profissionais e de sustento econômico da família.

Consumo de drogas no trabalho

Em 2006, fui contratado pela prefeitura de Paysandú como assessor em saúde mental e adições. Entre minhas tarefas estava a de compor a Unidade de Saúde Ocupacional (USO).

No que se referia ao consumo de álcool e outras drogas no âmbito laboral, a legislação vigente à época era absolutamente punitiva e não contemplava o alcoolismo como doença.

Caso o consumo de álcool fosse constatado no trabalho, iniciava-se um processo administrativo por "notória má conduta"[68], o que sem dúvida levava à aplicação de sansões e inclusive à demissão do funcionário.

Do ponto de vista da chefia e dos gerentes de nível médio, especialmente no âmbito público, o uso de drogas no ambiente laboral era considerado um caminho extremo, e por isso não havia alternativas.

A opção mais comum diante de situações de consumo no ambiente de trabalho era fingir que nada estava acontecendo, por sensibilidade e pena do funcionário.

Um dos objetivos da USO foi – e é – dar respostas ao problema do consumo de álcool e de outras drogas no âmbito laboral. Realizamos ações preventivas e assistenciais, atuando não apenas com os adictos como também com a instituição, considerada parte fundamental do processo.

Mas, no decorrer de nossas ações, acabamos encontrando armadilhas e dificuldades que parecem minguar nosso entusiasmo.

---

68. Comportamento voluntário e grave do trabalhador, relativo à sua atividade profissional, que traga dano ao empregador, perturbe seriamente as condições de trabalho ou manche a reputação da empresa. Trata-se da justa causa que libera o empregador da obrigação de indenizar o demitido, pois apenas este último, por meio de seus atos, pode provocar a perda de tal direito.

Aprendi que, além de nossas intenções, deveríamos respeitar os tempos institucionais e promover ações de sensibilização, informação e conscientização sobre o assunto.

Muitas empresas e instituições estão interessadas em trabalhar o assunto "drogas", mas chegar a um compromisso real é um processo que leva tempo.

Requer paciência, no nível das autoridades responsáveis, para facilitar ou dificultar qualquer trabalho preventivo. Não respeitar esses tempos condena qualquer boa ideia ao fracasso.

Em 2007, a prefeitura de Paysandú assinou um convênio com a Junta Nacional de Drogas (JND) no qual assumiu a responsabilidade de levar adiante as estratégias de redução da demanda de drogas. A ideia era articular ações com outros atores sociais por meio da Junta Departamental de Drogas (JDD).

Uma contribuição fundamental a esse processo é o trabalho da Fundação Luna Nueva (Lua Nova), que, com o apoio dos sindicatos, vem desenvolvendo uma estratégia nacional para abordar o consumo de drogas no trabalho.

Com a liderança da Luna Nueva e o apoio fundamental do sindicato dos trabalhadores municipais de Paysandú (Adeyom)[69], foi possível avançar com mais facilidade.

Em abril de 2008, a prefeitura de Paysandú e a Adeyom assinaram um convênio para criar o Programa de Prevenção ao Consumo de Álcool e Outras Drogas no Âmbito Laboral e a Comissão Bilateral de Acompanhamento.

Desde o início, a participação do presidente de Adeyom foi fundamental para respaldar as ações e garantir o compromisso dos trabalhadores. Em pouco tempo, uniram-se ao grupo três delegados sindicais eleitos em assembleia – entre eles,

---

69. Asociación de Empleados y Obreros Municipales (Associação de Funcionários e Trabalhadores Municipais). [N. E.]

uma companheira que trouxe sensibilidade e diálogo, fundamentais a essa tarefa.

Inicialmente, as posturas polarizadas e a distância afetiva entre aqueles que integrávamos a comissão bilateral refletiam a desconfiança e o medo do novo.

Os bêbados célebres

Quando os colegas servidores municipais passaram a me identificar como o profissional que ia trabalhar com os funcionários alcoólatras, paravam-me nos corredores e falavam sobre os trabalhadores que, ao longo do tempo, ganharam triste destaque na administração por seu comportamento aditivo.

Eram aqueles que coloquialmente batizamos de "bêbados célebres", em oposição aos "alcoólicos anônimos". Eles eram nossa prioridade, e os convidamos a integrar nosso incipiente "Programa de Alcoolismo", criado com o apoio da USO.

Tratava-se de um espaço terapêutico, voluntário e confidencial para os servidores que quisessem receber ajuda. Partíamos de uma abordagem multidisciplinar.

Um desses "bêbados célebres" se destacava dos demais pela frequência com que era apontado pelos colegas – e também por suas inúmeras infrações às normas e por sua escassa dedicação ao trabalho.

Carlos, "O Capivara", apelido com que era conhecido na prefeitura, compunha um personagem pitoresco e, de algum modo, querido. Digo *compunha* porque, ainda que não soubéssemos à época, um final trágico o esperava.

Embora Carlos gerasse mal-estar por suas constantes transgressões, a ausência de violência e de maldade em sua conduta lhe conferia o *status* de "bêbado tranquilo" entre os colegas.

Constante impontualidade na hora de bater o cartão de entrada, ausências reiteradas – sobretudo às segundas-feiras –, abandono de seu posto de trabalho, consumo de álcool em serviço e sonecas embriagado eram algumas das transgressões que "O Capivara" mantinha como marca pessoal em seus mais de 15 anos de trabalho.

Os superiores e gerentes do funcionário temiam que ele sofresse um acidente de trabalho, e por isso lhe davam tarefas decorativas e sem risco aparente.

Embora já tivesse várias referências daquele "bêbado célebre", eu o conheci pessoalmente numa tarde quente de novembro, quando marcamos com seus superiores uma entrevista com a novíssima "Equipe de Acompanhamento Local"[70].

Ele seria nosso primeiro "cliente".

Embora outro colega logo se integrasse à equipe, as primeiras entrevistas foram realizadas com Anahí, médica especializada em Saúde Ocupacional.

Ansiosos com a estreia, preparamo-nos para o encontro com "O Capivara".

Ao abrir a porta, um homem baixinho, magro, de olhos avermelhados e sorriso com poucos dentes disse-me: "Bom dia, doutor. Me mandaram falar com o senhor".

Retribuí o sorriso e unimos as mãos num aperto afetuoso.

Convidei-o a entrar no consultório que os "Serviços Médicos" da prefeitura tinham fornecido para o encontro. Anahí também lhe deu as boas-vindas e o convidou a sentar-se diante de nós.

Já sentados com uma mesa entre nós, perguntei-lhe se sabia o motivo daquela entrevista. Olhando-me nos olhos, o homem respondeu: "Não tenho nem ideia".

Desconcertado, e olhando para Anahí, voltei a indagar se ele pelo menos suspeitava da razão daquele encontro.

Carlos, com absoluta seriedade, afirmava ignorar o motivo.

Com a clareza que caracteriza os médicos, e deixando certas sutilezas de lado, Anahí informou-lhe a razão pela qual fora enviado para falar conosco: "Por seu consumo de álcool e sua conduta no trabalho".

---

70. Equipe multidisciplinar de atenção e tratamento, composto naquele momento por técnicos de Saúde Ocupacional e Psicologia.

Aquela frase foi fundamental para o meu entendimento acerca do consumo de drogas no trabalho e o papel das instituições na manutenção de tais condutas.

Com expressão surpresa e confusa, Carlos disse: "Não tenho problema nenhum com meu trabalho na prefeitura".

Agora os desconcertados éramos Anahí e eu.

Logo começamos a avaliar hipóteses que nos permitiriam entender a situação.

Talvez tivéssemos nos enganado de "bêbado célebre". Talvez tivessem mencionado a pessoa errada. Mas seu nome coincidia com a lista de pacientes a atender.

Trocando um olhar com Anahí e obtendo sua aprovação, eu o confrontei novamente: "Você foi chamado por seus atrasos, suas faltas e seu consumo de álcool no trabalho".

Com serenidade, Carlos respondeu: "Sim, é verdade. Mas em 15 anos como servidor municipal nunca tive nenhum problema com meus chefes".

Quase sem argumentos, convocamos Carlos para uma nova entrevista na semana seguinte. Ele nos olhava com perplexidade.

Já a sós com Anahí, traçamos uma nova estratégia: pediríamos mais informação sobre Carlos para nosso próximo encontro.

Chamei seu superior, que imediatamente me confirmou que se tratava da pessoa certa.

Com essa certeza, pedimos ao departamento de Recursos Humanos informações institucionais sobre seu desempenho pessoal, registros administrativos das faltas e sanções pelas transgressões reportadas verbalmente por várias fontes.

Depois de alguns dias recebemos a documentação solicitada, e ao lê-la revelou-se o mistério.

Nos dados sobre Carlos não havia uma única referência a transgressões nem faltas em seu desempenho profissional.

Segundo aqueles papéis, "O Capivara" era um funcionário exemplar.

Ou seja, Carlos nos dissera a verdade.

Seu consumo de álcool e seu comportamento *nunca foram um problema para a prefeitura de Paysandú até aquele momento.*

A "codependência" institucional

Assim como encontramos condutas *codependentes* na família, também as encontramos nas instituições. É a normalização de condutas problemáticas.

O padrão duplo – ou seja, a existência de um regulamento para funcionários alcoólatras e de outro para os que não são – baseia-se na crença de que evitar a confrontação do trabalhador consumidor ou dependente com suas condutas transgressoras é uma forma de ajudá-lo.

Para os chefes e gerentes de funcionários alcoólatras, assim como para seus colegas, revelar ou apontar condutas problemáticas era expor o colega a uma sanção que podia custar seu emprego.

"Além de serem alcoólatras, vamos deixá-los sem trabalho", disse-nos um supervisor quando lhe perguntamos por que não deixava registros dos atrasos de outro dos "bêbados célebres".

Hoje, o Uruguai conta com uma legislação específica e diversas leis que estimulam as empresas a lidar com esse assunto.

Tanto os sindicatos como a Junta Nacional de Drogas do Uruguai têm encarado com muita seriedade a construção de alternativas que ajudem efetivamente os trabalhadores cujo desempenho profissional está afetado por seu consumo problemático de drogas.

Há mais de dez anos, várias empresas públicas e privadas uruguaias vêm assinando convênios bilaterais e estabelecendo protocolos de atuação diante do consumo de drogas no trabalho – com resultados diversos, mas sempre em busca de respostas para esses trabalhadores.

Muitos deles encontraram um caminho de recuperação, e suas empresas estão dando visibilidade a um problema que esteve oculto até há poucos anos.

Inúmeros trabalhadores se beneficiaram dessas políticas e recuperaram um desempenho profissional adequado e gratificante.

Outros não.

Quase três anos depois da entrevista com Carlos, "O Capivara", e depois de fazer tudo que estava ao alcance da prefeitura e da USO para ajudá-lo, uma vizinha o encontrou enforcado, numa árvore defronte à sua casa.

Até hoje reconheço sua contribuição para minha formação e para minha compreensão do comportamento codependente.

Diante de um dependente químico, muitas empresas, com a intenção de *ajudar* ou de *ser sensível* ao problema do trabalhador, fingem não ver e minimizam as condutas problemáticas, adaptando-se a elas.

Em suma, não ajudam o trabalhador a perceber que tem um problema.

O fundo do poço

Um dos pilares do enfoque tradicional em reabilitação é a crença de que as pessoas têm de "chegar ao fundo do poço" para mudar.

É comum encontrar no discurso de familiares – e também de profissionais – a ideia de que o sofrimento produz mudanças profundas e duradouras nas pessoas.

Como se existisse um *lugar* ou *estágio* em que a clareza mental e a motivação para a mudança nos estivessem esperando.

A verdade é que muitos de nós se acostumam a sofrer, mesmo que em limites insuspeitos, antes de conseguir realizar as mudanças que nos permitam uma qualidade de vida melhor.

Um exemplo disso me chegou com a leitura do livro *Mi segunda cordillera*, de Miguel Ángel Campodónico, acerca da tragédia vivida por Carlitos Páez.

Filho do reconhecido artista uruguaio Carlos Páez Vilaró, o protagonista relata os problemas que sofreu ao ficar preso na Cordilheira dos Andes depois de um acidente aéreo.

A trágica experiência, que acabou com a vida de vários tripulantes da aeronave, converteu-se num acontecimento mundial – livros, filmes e palestras que alguns de seus protagonistas divulgam ao redor do mundo resgatam distintos aspectos da tragédia.

Além de seu sofrimento na cordilheira, Carlitos conta no livro parte de sua vida antes e depois do acidente. Com a leitura, ficamos sabendo que ele era um contumaz consumidor de drogas desde a juventude até o momento da tragédia.

Carlitos relata suas tentativas de deixar as drogas e, com profunda sinceridade, enumera os fracassos que sofreu nesse caminho.

As imagens que nos chegam desse livro – e de outros que têm sido escritos e filmados sobre o "milagre dos Andes" – são de profunda dor física e emocional, desolação, morte, caos, medo e um desamparo completo até limites nunca antes imaginados por qualquer ser humano.

Se pensarmos numa situação limite, ou no "fundo do poço", a tragédia dos Andes parece exceder qualquer ideia preconcebida sobre o assunto.

Carlos era dependente químico antes do acidente nos Andes *e continuou dependente depois* dele.

Se uma experiência tão profunda e dolorosa como a que viveu Carlitos não levou um dependente a repensar sua adição, que outra experiência poderia fazê-lo?

É claro que estamos falando de um caso único, e que isso não objetiva universalizar essa ideia. Mas é um caso bem ilustrativo e convida à reflexão.

Em minha experiência clínica, tenho observado que muitos dependentes químicos são bem "profundos". Sempre podem cair um pouco mais. Sempre podem perder mais do que perderam.

Quando ouço um dependente dizer que "chegou ao fundo do poço", relembro o que li em *Mi segunda cordillera* e tenho a certeza de que aquele que está diante de mim ainda não chegou lá.

Às vezes comento: "Se você está falando comigo, se está sentado em meu consultório, se vem com alguém da família e ainda mantém seu emprego... Ainda vai conhecer um poço mais fundo".

Estou convencido de que o principal motivador da mudança não é o sofrimento.

Muitos dependentes químicos, mediante uma profunda desconexão, se tornam insensíveis à dor e ao sofrimento. Eles sofrem bastante. E se acostumam com isso. Mais sofrimento não indica a possibilidade de uma vida melhor.

Milton Romani me "deu de presente" uma frase atribuída a Jean-Paul Sartre[71]:

> A decisão de mudar vem da transformação do ponto de vista oriunda de uma abertura conceitual e imaginária sobre um "outro possível". Não é porque estamos cientes de que uma situação é insuportável que decidimos mudar; é quando percebemos que uma situação pode mudar que entendemos que ela é insuportável.

---

71. Filósofo, escritor, romancista, dramaturgo, ativista político, biógrafo e crítico literário francês, expoente do existencialismo e do marxismo humanista.

A violência terapêutica

Tenho tido a oportunidade de conhecer diversas comunidades terapêuticas e variados enfoques em reabilitação, pela mão de especialistas tanto locais quanto de outros países.

Historicamente, as propostas terapêuticas para aqueles que têm um consumo problemático de drogas seguem o paradigma imperante em cada época.

O enfoque *medicalista* tem predominado nas respostas terapêuticas. Esse ponto de vista considera a adição uma *doença contagiosa*, cuja *cura* requer a *internação* e o *isolamento* do *doente*.

O princípio hipocrático – *primum non nocere*[72] – nem sempre é respeitado, e os direitos dos adictos são deixados de lado em detrimento de sua recuperação.

Uma prática comum, em algumas propostas de internação com intenções terapêuticas, é o exercício da violência institucional contra os dependentes químicos.

Essa violência raras vezes é física e explícita; em geral, é sutil e revestida de boas intenções.

Procura-se que a humilhação, a vergonha e o olhar de reprovação dos colegas leve o paciente a mudar de atitude e aprender algo com isso.

O objetivo é fazer-lhe sentir-se mal – tão mal que chegue à reflexão e à mudança de comportamento.

Uma vez mais, aparece a ideia de que o sofrimento faz as pessoas mudarem... E na realidade não é assim.

É necessário diferenciar "mudança" de "obediência".

Em várias dessas propostas, tingidas claramente pela sombra medicalizante, os pacientes se tornam obedientes e,

---

72. Expressão latina que significa "Primeiro, não prejudicar". Trata-se de uma máxima aplicada às ciências da saúde, atribuída ao médico grego Hipócrates.

durante a estadia nesses lugares, têm um comportamento que não conseguem manter quando saem de lá.

Revivem, muitas vezes, sua experiência patológica com figuras de poder. Recriam seu vínculo com um *pai* autoritário, abusador, que os castiga severamente ante alguma falta.

Assim como na relação como esse pai violento, desenvolvem uma obediência passiva para não ser privados da família e do amor.

O castigo é a expulsão da comunidade.

A ideia de confrontar essas condutas sem ter estabelecido princípios de aceitação, sem haver criado espaços de segurança em que o paciente se arrisque a agir com honestidade e coragem, está fadada ao fracasso, já que estamos desvalorizando o paciente, a quem acusamos de mentiroso, covarde etc.

Sua única forma de recuperar um pouco da autoestima é desvalorizar a terapia ou o terapeuta para defender-se de uma intervenção que não o leva em conta. (Martín, 1999)

Violência é diferente da *agressividade*.

A *agressividade* pode ser terapêutica; a *violência*, não.

Violência pode ser definida como *o uso de uma posição de poder para conseguir um fim, especialmente para dominar alguém ou impor algo*.

Ser violento é fazer que o outro seja ou faça o que quero.

O conceito de *agressividade* que utilizo em meus cursos para explicar sua diferença da *violência* é o que Fritz Perls (2007) batizou de "agressão dental"[73].

A agressão, segundo Perls, é *a possibilidade de reter o que lhe serve e jogar fora o que lhe é tóxico e faz mal*.

É um processo de digestão que vai além da alimentação física.

---

73. Conceito abordado por Perls em seu livro *Ego, fome e agressão*, publicado originalmente em 1942 (veja as Referências).

Em qualquer vínculo, a *agressão* permite-me incorporar aquilo que é nutritivo e excluir aquilo que não quero *engolir*. O que não me nutre.

Quando sou *agressivo*, não lhe digo o que fazer nem como levar sua vida. Só coloco os limites necessários em nosso vínculo para que este seja saudável para ambos.

É quando lhe digo: *isso, não*. Quando não admito em nosso vínculo o que me faz mal.

Dessa maneira, posso arriscar-me a um vínculo autêntico com o desconhecido. Sei que posso agir ativamente e decidir como será esse encontro.

Numa proposta verdadeiramente terapêutica, é fundamental que os profissionais de saúde e cuidadores desenvolvam sua capacidade de *agressão*.

Poder relacionar-nos na tarefa de acompanhamento de maneira autêntica, amorosa e agressiva evita que recorramos à violência como tentativa infrutífera de controlar a situação.

Muitos dependentes químicos vêm de histórias de violência e as enfrentam em distintas esferas da vida.

Como afirma meu amigo Diego Cruzado, o adicto é uma pessoa vulnerável, que às vezes é prejudicada quando se tenta ajudá-la.

As intervenções que se baseiam no confronto, sem que exista uma base de amor e de confiança, só produzem obediência ou violência.

Muitos cuidadores e profissionais de saúde têm um perfil sádico, ou uma estrutura psicopata a qual podem expor – e da qual podem "desfrutar" – do lugar de poder que lhes é conferido.

Ser saudavelmente *agressivo* requer muito amor.

O poder do saber e da razão

O modelo médico hegemônico, que influencia até hoje a maioria das propostas em reabilitação, parte da premissa de que a razão está a seu lado.

De seu saber infinito e indiscutível, o profissional ou a instituição sabe o que é melhor para aquela pessoa que a ele recorre em busca de ajuda.

Recebo ajuda de alguém que sabe melhor do que eu o que é bom para mim.

Nesse modelo não se fazem perguntas. Só se diz o que deve ser feito. Porque nós sabemos.

E, se alguém ousa questionar-nos, é só um sinal de resistência e de negação.

O paciente não sabe de nada, e, se incorre no ato revolucionário de questionar o profissional, este tem de combater a insurgência mediante dois caminhos que claramente refletem as duas tradições principais que forjaram a medicina: a *militar* e a *eclesiástica*.

Casualmente, duas correntes que se baseiam no *medo de um castigo superior* e prometem *recompensas futuras à obediência e ao sacrifício atuais*.

A *vertente militar* entende que o terapêutico é a confrontação direta e implacável.

Há de mostrar-lhes quem manda aqui.

E, para isso, utiliza a humilhação e a vergonha a fim de que o ousado paciente retroceda e repense sua postura questionadora.

A *vertente eclesiástica* se expressa mediante uma "atitude evangelizadora". Na proposta de reabilitação, traça-se uma linha divisória entre o "bem" e o "mal".

Entre Deus e o demônio.

Entre nós, os bons que queremos ajudar, e os outros, que são o mal e "as drogas".

O paciente tem duas opções: mostrar obediência e contrição ao caminho que "os bons" lhe traçamos para que chegue ao "paraíso" de sua recuperação. Ou seguir o caminho dos "maus", com a ameaça do "inferno" das drogas e da "vida ruim".

Nessa proposta, não há tons de cinza. Só pretos e brancos. Você escolhe: obediência sem questionamentos ou o desterro do paraíso.

Nesse tipo de abordagem, as estratégias de redução de riscos e danos não têm lugar. Não se pode comer o "fruto da sabedoria" e ficar no paraíso.

A cenoura

Um cavaleiro vai montado num burro e, para que este avance, leva estendida uma longa vara com uma cenoura na ponta.

A cenoura fica à altura da boca do burro e, na tentativa de chegar a ela, seu avanço faz que a cenoura também se mova.

Assim, o astuto cavaleiro se assegura do avanço contínuo de seu burro, que nunca chega a saborear o inalcançável vegetal.

Usamos essa imagem para representar o esforço que fazemos em vários aspectos de nossa vida, em busca de uma promessa que nunca chega.

As "cenouras" são aquelas coisas ou situações pelas quais ansiamos e nos esforçamos muito para conseguir, embora no fundo saibamos que obtê-las é extremamente difícil – ou impossível.

Na ajuda a dependentes químicos, é frequente a promessa de um futuro melhor sem drogas. A certeza de que a vida vai melhorar se eles as deixarem.

Quando comecei, em 1992, a transitar pelos caminhos da prevenção e da reabilitação de dependentes químicos, explicaram-me a adição utilizando uma metáfora que lembro com clareza até hoje: "As drogas são como as muletas em alguém que quebrou a perna. O adicto aferra-se às drogas para não cair".

Essa imagem, muito clara para mim, levou-me a repensar o enfoque que eu dava à adição – e a partir do qual tentava ajudar os que acompanhava.

Se pensarmos as drogas como *muletas*, com as quais o adicto pode caminhar, quando lhe apresentamos a abstinência, estaríamos comportando-nos como alguns pastores evangélicos que aparecem na televisão. Em seus cultos, transmitidos para milhões de pessoas, uma multidão de fiéis aparece tomada pela fé; música sempre acompanha o acontecimento.

No palco, um pastor oficia "milagres" para o público.

Um desses milagres costuma ser recobrar a capacidade de andar de alguém que, apoiado nas muletas, espera clamorosamente que essa bênção aconteça.

Quando o inválido se encontra com o pastor, este levanta a mão aos céus e, com voz firme e decidida, diz:

— Solte as muletas! Você pode andar!

Talvez emulando Jesus quando disse a Lázaro: "Levanta-te e anda".

Diante de um público ansioso, passa a pregar cada vez mais alto e movimenta a mão, como se enviasse uma energia curadora às pernas do doente.

Com receio, as muletas vão caindo ao chão e, com passos trêmulos, o receptor do milagre avança em direção ao pastor.

O público começa a bater palmas e a chorar copiosamente ao ser testemunha de um milagre que, noite após noite, se repete.

Diante de um dependente químico, vi-me numa atitude parecida com a do pastor. Pedindo um ato de fé e assegurando a ele que, se soltasse as "muletas" das drogas, caminharia melhor.

Já há alguns anos não me atrevo a fazer tais afirmações.

O direito de ser eu

As palavras "direitos" e "drogas" raramente apareciam na mesma frase quando se falava do consumo de substâncias.

A primeira vez em que ouvi falar sobre o direito das pessoas de consumir drogas foi por meio de um autor que conheci no início dos anos 1990 e que circulava, com muita timidez e como algo quase pecaminoso, entre os profissionais que se dedicavam ao assunto.

Antonio Escohotado[74] afirmava:

> Da pele para dentro começa minha jurisdição exclusiva. Eu escolho aquilo que pode ou não cruzar essa fronteira. Sou um estado soberano, e as lindes de minha pele me resultam muito mais sagradas que os confins políticos de qualquer país.

Em relação aos direitos, o Uruguai viveu um fenômeno muito interessante, que revelou as diferentes visões e subjetividades na atribuição de direitos que vemos, no mundo adulto, em relação ao consumo de drogas.

O Uruguai vive um momento fervoroso no que se refere à discussão e à regulação do consumo de diferentes substâncias. O fenômeno começou em 2008, quando a Lei n. 18.256 propôs o controle da venda, da publicidade e do consumo de tabaco.

Os indicadores positivos – sobretudo no âmbito da saúde pública – obtidos com a lei de regulação do tabaco têm animado ao governo a regular o consumo de outras substâncias.

Em 2014, o parlamento uruguaio promulgou a Lei n. 19.172, de controle e regulação da aquisição, importação, produção e consumo de *Cannabis*.

---

[74]. Ensaísta e professor universitário cujos trabalhos têm abordado os campos do direito, da filosofia e da sociologia. É reconhecido em nível mundial por suas posições acerca das drogas.

Há vários anos se discute uma lei de regulação acerca do álcool, a exemplo do que ocorreu com o tabaco.

Sem dúvida é um desafio importante, pois no Uruguai o álcool é a substância mais consumida e o Estado tem o monopólio de sua produção e de seu controle.

O *lobby* realizado pelas grandes corporações que produzem bebidas alcoólicas tem dificultado sobremaneira a promulgação de uma lei que regule a publicidade, a produção e o consumo de álcool.

Além de propor uma importante regulação na publicidade, sobretudo aquela vinculada a eventos esportivos, a futura lei contempla a proibição da venda de bebidas entre 22h e 8h. A exceção seria o comércio, como restaurantes, pubs, discotecas etc.

Mas o mais interessante é a reação do mundo adulto, majoritariamente consumidor habitual dessa substância, quando sente seus direitos ameaçados.

No começo da discussão sobre a lei de consumo de maconha, foram os adultos os mais críticos a respeito do reconhecimento do direito, dos maiores de 18 anos, de cultivar, comprar nas farmácias e consumir maconha.

Tal direito foi durante censurado pela oposição política uruguaia e por diferentes instituições que representavam esse mundo adulto, que se mostrava preocupado com a saúde de nossos jovens quando o consumo de maconha fosse liberado.

Paradoxalmente, na discussão da lei de regulação do consumo de álcool, hoje são as vozes do mundo adulto as que reclamam o direito de consumir.

— E se eu tiver vontade de comprar álcool à meia-noite? Vão me proibir? — vocifera um homem, evidentemente zangado, num programa de rádio em que se debate o assunto e no qual vários adultos clamam por seus direitos como consumidores.

E também no mundo político o argumento da liberdade tem estado presente como crítica da lei. Nem os políticos nem as vozes adultas que hoje se erguem como defensores de direitos foram ouvidos durante os debates sobre a maconha.

Ao contrário, essas vozes estavam contra o exercício desse direito.

Parece que a liberdade das pessoas depende da substância sobre a qual discutem, e não dos direitos que são ameaçados.

Uma vez mais fica manifesto que "droga" é o que "o outro" consome.

O respeito pelos direitos humanos no trabalho de ajuda

Em meados de 2011, o Uruguai começava a discutir a regulação do mercado da *Cannabis* e o assunto drogas estava em pauta.

Naquela época, eu trabalhava para a prefeitura de Paysandú como assessor em saúde mental e adições; por isso, recebemos o convite para um importante evento nacional que, sem que eu soubesse, mudaria minha vida profissional.

A Junta Nacional de Drogas nos convidou a participar do Primeiro Debate Nacional de Drogas, que se realizou na prefeitura de Montevidéu numa fria tarde de agosto.

Era o segundo dia de atividade e eu já estava um pouco cansado. Tinha muita vontade de regressar a Paysandú, onde me esperavam vários assuntos – profissionais e familiares – pendentes.

O programa do evento anunciava um tal de Paulo Engenau, da Fundación Paréntesis, do Chile.

Sentado no meio de uma sala cheia, preparei-me para o que pensava ser mais uma palestra entre todas as outras.

Paulo contou que se dedicava ao assunto direitos humanos na atenção a pessoas em situação de vulnerabilidade, especialmente usuários de drogas.

Primeira surpresa que se manifestou como uma "pancada" no meu entendimento.

Uma voz na minha cabeça reclamou: *Como assim, os adictos têm direitos? Se é que estão doentes.*

Minha atenção aumentou com a curiosidade e continuei ouvindo.

Assim o palestrante se expressou em seguida:

— As pessoas têm direito de dispor do seu corpo como quiserem... Ainda que seja para drogar-se.

Aquela foi uma "pancada no fígado".
Havia muita inquietude na sala e dentro de mim.
Uma senhora de meia-idade, evidentemente incomodada, pediu a palavra e perguntou com voz aguda e entonação de súplica:
— Mas a drogas fazem mal. É preciso impedir que se machuquem.
Engenau respondeu com tranquilidade e convicção:
— Quando se trata de crianças, teríamos de discutir o assunto, mas os adultos têm direito de fazer mal a si mesmos. E ele precisa ser respeitado.
Ouvindo essas palavras, sentado no meio da sala e com o olhar fixo no palestrante, identifiquei nos presentes uma sensação clara e inconfundível.
Raiva.
Quase fúria.
O barulho persistente na sala e a quantidade de participantes que se retiravam gesticulando confirmaram que eu não era o único.
Tive o impulso de acompanhar o grupo dissidente, protestando com minha saída contra o que aquele homem nos jogava na cara.
Mas decidi ficar.
Lembrei-me de minha formação gestáltica e disse a mim mesmo: "Vou dar lugar à raiva no meu corpo. Vou aceitá-la enquanto continuo escutando".
Acomodei-me melhor na cadeira. Comecei a respirar mais fundo e a permitir que a raiva tomasse meu corpo.
Então aconteceu algo que me surpreendeu.
Algo que marcou um antes e um depois na minha maneira de ver as drogas e os adictos. Algo pelo qual até hoje agradeço à minha formação gestáltica, por haver-me permitido ficar e receber um "presente" maravilhoso.

"Entendi".
Percebi.
Pude ver que a raiva ia dando lugar a uma estranha paz... À tranquilidade e à compreensão.
Então entendi o que Paulo Engenau nos dizia.
Embora fosse o oposto do paradigma no qual me formei e segundo o qual trabalhei por quase 20 anos, nos quais os direitos humanos do "paciente adicto" não eram levados em conta na busca de sua cura.
Afinal, a ideia de um consumidor de drogas com direitos é relativamente recente.
O Uruguai tem sido um ator fundamental na inclusão da perspectiva de direitos humanos nos textos e resoluções dos organismos internacionais.
O ex-embaixador e representante do Uruguai nas Nações Unidas, Milton Romani, artífice fundamental dessa conquista, me contou a seguinte história:

> Honra-me ter chefiado a delegação do Uruguai na Comissão de Narcóticos das Nações Unidas em Viena, em 2008, e ter protagonizado uma batalha política e diplomática de grande envergadura. Com o apoio de organizações (Transnational Institute e Wola[75]), fizemos o Primeiro Diálogo Informal sobre Drogas em 2007, patrocinado pela JND e realizado em Montevidéu. Ali resolvemos promover a devida integração dos instrumentos da Declaração Universal dos Direitos Humanos com a política de fiscalização de drogas.
> Na Sessão Especial da Assembleia Geral da ONU sobre o Problema das Drogas, ocorrida em Nova York em 19 de abril de 2016, a ideia de centrar o problema nos seres humanos e não nas substâncias, bem como o enfoque na saúde pública, nos direitos hu-

---

75. Agência para Assuntos Latino-Americanos em Washington.

manos e no desenvolvimento, esteve presente e foi incorporada ao documento final – agora como um consenso de toda a comunidade internacional.

Como toda proposta de saúde pública baseada na abordagem médica, na maioria dos tratamentos de reabilitação não se contemplavam os direitos desses pacientes, que eram submetidos a práticas violentas nos âmbitos físico e emocional.

Ouvindo Engenau, fui capaz de ver esse viés em minha formação e vislumbrar o que logo me permitiria transitar por um caminho mais gestáltico.

Soa paradoxal falar de "aceitação" ao acompanhar pessoas que querem mudar aspectos de sua vida que lhes trazem conflitos.

Parece *paradoxal* porque *o é*.

O que lhe custa mudar?

A mudança destrói paradigmas.
Mudar implica uma interrupção no *continuum* da existência, e nenhum de nós gosta disso. Como ouvi há alguns anos de uma publicitária argentina, "os únicos que gostam de mudanças são os bebês quando sujam a fralda".
Mudar não é bonito. Mudar não é fácil.
A mudança implica trocar algo "que é" por algo que "poderia ser". Na proposta de "mudança" se estabelece um juízo contra o presente e a favor de um futuro incerto.
No trabalho de acompanhamento de dependentes químicos, muitas vezes questionamos seu histórico de consumo de drogas. Garantimos-lhes que, se mudarem, se deixarem as drogas, o *futuro* será melhor.
Mas o *futuro* ainda não chegou. Se olharmos além do nosso ego, veremos que nenhum de nós sabe como será realmente nosso futuro. Muito menos o de outras pessoas.
Algumas propostas terapêuticas exigem uma mudança radical em todos os aspectos da vida do dependente químico. Não só em seus hábitos de consumo de substâncias como em sua aparência, sua estética, suas amizades, suas relações afetivas, seu jeito de ver a vida.
Definitivamente, o adicto é convencido de que, para recuperar-se, é preciso *deixar de ser quem é.*
O que não percebemos é que uma das principais razões pelas quais as pessoas consomem drogas é porque não se permitem *ser como são.*
Não se permitem porque vivem num meio exigente, ou porque experimentaram situações traumáticas acompanhadas de culpa e de uma autoimagem muito negativa.
E vivemos numa sociedade muito louca, onde a premissa é a mudança.

É deixar de sermos nós mesmos para converter-nos em "alguém".

No Uruguai, é comum que crianças e jovens sejam incentivados a obter um diploma universitário ou uma sólida posição econômica e/ou social.

Muitos de nós fazem grandes esforços para "ser alguém", embora no caminho deixemos de ser nós mesmos.

É como se não fôssemos ninguém.

Nossa loucura como sociedade faz que o tempo todo estejamos exigindo-nos a mudança.

Crescemos com a ideia de que "ser nós mesmos" está errado. Desde crianças recebemos mensagens que nos indicam que devemos nos transformar em *outra pessoa*, porque ser *nós mesmos* está errado ou não é suficiente.

— Precisa ser mais tranquilo.
— Quem sabe se torna mais ativo.
— Está muito magro.
— Está gordo demais.
— Precisa estudar mais.
— Largue os livros e vá brincar lá fora.

Crescemos com a certeza de que a natureza se equivocou e temos de nos esforçar para corrigi-la.

E somos a única espécie animal que mostra essa loucura.

Nunca vi um chihuahua fazer exercícios e ter uma alimentação especial para obter o porte e a musculatura de um dogue alemão. Nunca vi um cravo com depressão porque quer se parecer com uma rosa.

Essas ideias têm estado muito presentes na minha formação como Gestalt-terapeuta. Um de meus principais mestres, Alejandro Spangenberg, sempre repetia que a tarefa do psicoterapeuta é influir o menos possível no desenvolvimento natural de seu paciente.

É acompanhá-lo no *caminho de volta para casa*.

Um regresso para *quem se é* verdadeiramente.

Aceitar para mudar

Num artigo intitulado "A teoria paradoxal da mudança"[76], o dr. Arnold Beisser afirma que muitas pessoas procuram a ajuda de um psicoterapeuta com o objetivo de mudar um ou vários aspectos de sua vida.

No consultório, inúmeros profissionais aceitam esse encargo, e oferecem uma variedade de técnicas e seu próprio esforço para conquistá-lo.

Se quisermos modificar algo, a teoria paradoxal da mudança diz que esta vem da aceitação. Diz que, para mudar algo, primeiro temos de aceitá-lo.

No acompanhamento de dependentes químicos, descobri que a pessoa *precisa muito mais aceitar as coisas que mudá-las*.

"O que você nega o submete; o que você aceita o transforma", segundo uma frase atribuída a Jung.

E, também, algumas pessoas se encontram num momento da vida em que estão dispostas a fazer nela algum tipo de mudança. Às vezes, podem fazê-lo sozinhas; em outras, pedem ajuda.

Quando o adicto procura ajuda profissional para superar sua adição, o faz sempre num momento de *crise*.

As pessoas não nos procuram quando consomem drogas, assim como as famílias não pedem acompanhamento porque seus filhos consomem drogas. O pedido de ajuda ocorre quando há uma situação ou um fato drástico que desperta no usuário de drogas a sensação de perigo.

Quando sobrevém uma *crise*.

---

76. Escrito em 1970, apareceu originalmente no livro de Fagan e Shepherd, *Gestalt--terapia: teoria, técnicas e aplicações* (veja as Referências).

"Crise" vem do verbo grego *krino*, que significa "separar", "discernir", "julgar"; trata-se de formar opinião sobre algo depois de examiná-lo cuidadosamente.

A *crise* é um momento de dificuldade que abre uma possibilidade de decisão. Oportunidade em que há dois caminhos: melhorar ou piorar nossa situação.

É essa situação que nos leva a pensar que "não podemos continuar assim".

"Uma crise é ao mesmo tempo uma decisão e um ponto decisivo durante o qual haverá uma mudança para melhor ou pior" (Lidell e Scott, 1968).

Os consumidores de drogas só pedem ajuda quando deparam com uma crise. Pode ser um problema de saúde relacionado à quantidade, à forma ou às circunstâncias nas quais se dá um consumo.

A ameaça (uma vez mais) do parceiro, que pedirá a separação caso você não mude.

A eventualidade de uma demissão ou um pai que diz que "não aguenta mais" e vai expulsar o filho de casa podem ser alguns dos motivos pelos quais um adicto pede ajuda.

Ou seja, os usuários de drogas não fazem terapia por seu consumo, mas por determinadas consequências deste que ameaçam sua estabilidade.

Não querem abandonar o consumo das drogas, mas controlar seu consumo e/ou reduzir suas consequências.

Procuram ajuda quando "a solução" também lhe traz "problemas".

Na maioria das demandas de atenção, o objetivo das pessoas não é deixar as drogas, mas "enfrentar a tempestade" e continuar com sua vida.

A *crise* é uma oportunidade de ampliar a consciência sobre sua vida e seu consumo.

Uma chance de descobrir seu verdadeiro problema.

Acompanhar partindo da aceitação

Em minha primeira viagem a Cartagena (Espanha), convidado por meu amigo Diego Cruzado e por sua organização, La Huertecica, tive a oportunidade de conhecer um coletivo de tratamento que desafia as mentes rígidas e repressoras.

O Centro de Encontro e Acolhida (CEA) de Cartagena está situado em plena zona turística da cidade, num bairro muito bem-cuidado e frequentado por turistas de todo o mundo.

O que primeiro me chamou a atenção, ao entrar, foi um pequeno guichê com uma abertura onde um jovem, com aspecto descuidado e cara de sono, introduzia seringas.

Vasyl era um dos tantos imigrantes do Leste Europeu que chegam à Espanha procurando oportunidades.

Do outro lado do guichê, Juanfran, um dos educadores mais antigos de La Huertecica, recebeu-me com um sorriso enquanto fazia um sinal com a mão para que eu esperasse.

Curioso como sou, fiquei observando o que acontecia no tal guichê. Pela abertura, o jovem começou a descartar as seringas que levava nos bolsos.

O que aconteceu quando Vasyl saiu do CEA seria ainda mais surpreendente.

Com delicadeza, Juanfran perguntou ao jovem:

— O que você quer hoje, Vasyl?

O jovem, com voz entrecortada e certa timidez, respondeu:

— Bem, tomar banho, cortar o cabelo e comer algo. E, se possível, que o médico examine meu pé, pois está doendo.

Juanfran anotou num formulário o que Vasyl dizia.

Depois, saiu do guichê e, segurando o jovem pelos ombros, olhou-o com muita ternura e disse:

— Pois bem. Vamos tomar banho.

E, assim, o educador e esse jovem em situação de rua e grande consumidor de heroína se encaminharam para as instalações do CEA, onde Vasyl recuperaria um pouco de sua humanidade e de seus direitos antes de regressar à hostilidade e à dureza da vida na rua.

Enquanto Juanfran acompanhava o jovem, o cheiro de café e bolo recém-assado me levou a um lugar amplo, cheio de mesas, cadeiras e pessoas.

O Café Calor convidava a ficar.

Homens e mulheres reuniam-se nas mesas, com copinhos térmicos cheios de café, suco e o bolo que me havia levado até ali.

Atrás de uma grande mesa e em plena atividade, duas educadoras se asseguravam de que as garrafas térmicas de café estivessem cheias e de distribuir o bolo entre os presentes.

Ambas me cumprimentaram com muita cordialidade e me ofereceram uma porção daquele bolo fumegante e apetitoso. Realmente uma delícia.

O Centro de Encontro e Acolhida é um dispositivo inovador na região de Murcia e pioneiro em nível estatal.

Seu propósito é dar respostas às demandas e necessidades de pessoas com problemas derivados do abuso de drogas e em grave situação de marginalidade social, cuja saúde está deteriorada ou em risco, e com difícil acesso às redes de apoio social e de saúde.

Sua ação está voltada para pessoas em "consumo ativo", ou seja, que por sua situação e/ou decisão pessoal não concebem abster-se das drogas.

Entre suas propostas está o já mencionado Café Calor, espaço de descanso, alimentação e socialização baseado no aconchego do alimento, e no vínculo com os educadores. Além disso, a instituição oferece material para a higiene pessoal, lavanderia e cabeleireiro.

No CEA é possível encontrar assessoria jurídica, marcar consultas médicas e psicológicas e ter acesso uma sala de primeiros socorros chefiada por uma simpática enfermeira.

Enquanto escrevo isto, dou-me conta de que os CEAs – tanto aquele que se situa em Cartagena como o de Murcia – são uma espécie de "oásis" num "deserto" de solidão, abandono, perigos, violência e prostituição.

Um lugar onde as pessoas podem ser ajudadas a atenuar seus pesares, embora não se proponham a abandonar o consumo de drogas.

As ações enfocadas na Redução de Riscos e Danos (RDD) oferecem uma alternativa às propostas abstencionistas e mostram uma realidade que determinadas pessoas custam a aceitar: alguns dependentes químicos escolhem não deixar o consumo, mesmo que estejam em situações de risco social e/ou de saúde.

As propostas de RDD, como o CEA de La Huertecica, propõem um espaço sociável e educativo alternativo à rua. Procuram estimular a demanda assistencial dos usuários de drogas e melhorar sua qualidade de vida, assim como promover sua integração social.

Na comunidade que rodeia os CEA, tenta-se gerar mudanças de opinião e medidas sociais que minimizem o caráter de marginalidade e rejeição que às vezes acompanha a dependência.

Juanfran me contou que, logo que o CEA começou a funcionar, a vizinhança rejeitou a proposta, e eram frequentes os conflitos com vizinhos e com a polícia.

Hoje existe uma espécie de pacto de convivência, graças ao trabalho dos educadores de La Huertecica com os vizinhos e às pautas de funcionamento do Centro, que se baseiam no respeito aos direitos de todos.

No final de minha visita ao CEA, depois de despedir-me de todos, e enquanto Juanfran me acompanhava até a porta, vi que no guichê de entrada ocorria algo diferente do que eu presenciara no início da minha visita.

Outra educadora, Carmen, falava com uma mulher mais

velha que há poucos minutos estava tomando o café da manhã no Café Calor.

Juana parecia ter mais de 50 anos. Depois Carmem me diria que tinha 42. Seu rosto cheio de rugas e algumas cicatrizes lhe acrescentavam alguns anos.

Depois de tomar banho e fazer o desjejum, levando sua roupa limpa numa sacola verde, Juana se despediu do CEA naquele dia, mas anunciou que voltaria no dia seguinte para falar com a conselheira legal sobre uns trâmites com sua pensão.

Ao despedir-se, Juana lhe pediu algo que chamou minha atenção. Não pelo pedido, mas porque parecia ser algo natural e comum naquele Centro.

A educadora entregou a Juana um punhado de seringas num pacote fechado, uma garrafinha de álcool, gaze e um pequeno receptáculo usado para preparar heroína injetável.

Complementou esses elementos com a entrega de preservativos femininos e masculinos e de gel lubrificante para uso sexual.

Conhecedor das estratégias de RDD, não pude evitar certa emoção ao ver, pela primeira vez, uma intervenção daquela natureza.

Compartilhar agulhas e seringas é um habito frequente em certos grupos de consumidores, e constitui uma via de contágio tremendamente eficaz para a transmissão do vírus HIV, o que resulta em sua rápida disseminação.

A troca de seringas usadas por outras, novas e esterilizadas, tem-se mostrado uma estratégia sumamente eficaz para evitar a propagação de várias doenças.

Alguns leitores poderão chegar facilmente à conclusão de que a função da RDD é ajudar as pessoas a drogar-se.

As críticas a essas estratégias, ainda hoje comuns, apontam que elas não enfocam o tratamento da abstinência; ao contrário, "incitam" ou "impulsionam" as pessoas a drogar-se.

Desse ponto de vista, dizer que "as drogas matam" é não reconhecer os fatores que tiram a vida de consumidores, fatores esses que não se limitam às substâncias.

Na verdade, esse enfoque ajuda as pessoas a consumir drogas sem que isso lhes custe a vida, e parte da premissa de que alguns dependentes químicos não estão dispostos, naquele momento da vida, a cessar tal consumo.

A maioria das mortes e dos danos permanentes sofridos por dependentes químicos não se deve às drogas. Os adictos morrem de solidão, falta de atenção e desesperança.

No Uruguai, especialmente durante a crise econômica do ano 2000, era comum escutar: "A pasta base mata os jovens".

Se ampliarmos o olhar, e resistirmos a um pensamento reducionista e cômodo, podemos dizer que a pasta base não mata ninguém. O que custou a vida de alguns jovens e adultos consumidores de drogas não foi a droga. O que os matou foi a falta de trabalho, a solidão, o abandono, a fome, a discriminação, a dificuldade de acesso a serviços de saúde, a perseguição policial, a expulsão de centros educativos e a desesperança.

No Uruguai, a Junta Nacional de Drogas tem uma área específica na qual se planejam e executam estratégias de RDD.

Seus objetivos são: a) diminuir a morbidade-mortalidade dos usuários de drogas; b) diminuir ou minimizar a deterioração psicossocial; c) melhorar a qualidade de vida dos usuários de drogas; d) promover contato entre o maior número possível de usuários e os serviços de saúde; d) incrementar a retenção dos usuários em tratamento; e) respeitar os direitos humanos e a inclusão social.

Algumas de suas atividades mais destacadas são a instalação de postos de hidratação e barracas de pronto-atendimento em eventos em que há multidão, como shows.

O Brasil é pioneiro na América Latina com suas estratégias de RDD. Há alguns anos, tive a oportunidade de conhecer docentes da Escola de Redução de Danos. Essa proposta formativa é desenvolvida na cidade brasileira de Uruguaiana (RS), situada na fronteira com o Uruguai.

Nela estudam técnicos de vários países que se formam "redutores de danos" e logo são integrados às equipes sociais e de saúde para introduzir esse enfoque no dia a dia dos atendimentos.

As propostas de RDD ainda sofrem resistência, mas trilham o mesmo caminho de assimilação social que o uso do preservativo nas relações sexuais.

Nas oficinas de prevenção familiar, que ministramos frequentemente no Sivida, a plateia se surpreende – e às vezes se indigna – quando explico essas propostas.

Nunca faltam os velhos argumentos de *incitação à drogadição* ou *apologia ao consumo*.

Depois de abrir espaço para o debate e a polêmica, convido os pais a fazer um exercício de reflexão:

— Quantos de vocês falaram de sexo com seus filhos e filhas?

Aos poucos, e ainda surpresas com a pergunta, as mãos começam a levantar-se até que todos os presentes estejam com os braços erguidos.

— Que idade seus filhos tinham quando vocês falaram com eles pela primeira vez sobre os cuidados nas relações sexuais?

Com uma ou outra exceção, todos os participantes reconhecem que essa conversa ocorreu em idade precoce.

— É preciso falar com eles antes que comecem — diz uma mãe com certo orgulho.

Volto a perguntar ao auditório:

— Quantos de vocês entregaram preservativos a seus filhos e filhas?

Quase todas as mãos se levantam novamente.

— E por que o fizeram? — indago em seguida.

— Por causa da aids.

— Para que não fiquem grávidas.
— Pelo medo das doenças sexualmente transmissíveis.
As respostas se sucedem com convicção e firmeza.
Última pergunta:
— Vocês acreditam que ao entregar um preservativo estão incitando ou incentivando seus filhos e filhas a fazer sexo?
Faz-se um intenso silêncio entre o público. Alguns se olham um tanto confusos e chateados.
Uma senhora mais velha, com um tom de experiência e de muita vida, quebra o silêncio:
— Eles vão fazer de qualquer maneira. É óbvio que os jovens vão fazer sexo. E os pais não podem decidir quando nem com quem. Melhor que o façam tomando cuidado.
Mantenho o silêncio um pouquinho mais, até que um jovem senhor diz em voz baixa e reflexiva:
— É a mesma coisa com as drogas. Se vão consumi-las, é melhor que o façam com cuidado.
Parece-me interessante como nos custa aceitar o consumo de drogas como uma das tantas opções que as pessoas têm na vida.
Mas, se fizermos um exercício de memória, lembraremos que dez anos atrás se ouviam vozes firmemente contrárias ao uso do preservativo.
Em 2009, ao decolar da capital de Camarões, finalizando a etapa inicial de sua primeira viagem apostólica à África, o então papa Bento XVI falou com jornalistas presentes no avião. Diante dos cerca de 50 repórteres que o acompanhavam, afirmou que a aids "não pode ser superada com a distribuição de preservativos – que, ao contrário, aumentam os problemas".
Segundo Bento XVI, a "única via eficaz para lutar contra a epidemia é uma renovação espiritual e humana da sexualidade", aliada a um "comportamento humano moral e correto, destinado a sofrer com os sofredores" (Mora, 2009).

A proposta do então supremo pontífice é interessante: não contempla a crise de saúde de que padece Camarões.

Além da efetividade de uma "renovação espiritual e humana da sexualidade", há dados que exigem respostas mais imediatas e eficazes.

Na África subsaariana concentra-se quase 70% do número total de novas infecções por HIV em todo o mundo. Em 2013, cerca de 1,1 milhão de pessoas morreram por causas relacionadas com a aids na região.

Propostas como o CEA de La Huertecica tentam mitigar o problema e devolver parte da humanidade e dos direitos a pessoas que perderam tudo. Mas ainda não perderam a vida.

Trabalhar com a RDD é apostar na vida e fazer que essas pessoas pensem em manter ou recuperar algo que perderam.

As propostas de abstenção – ou seja, que propõem como única opção de tratamento o "não consumo" – deixam de fora a grande maioria de usuários de drogas que não está disposta a interromper o consumo.

Dados estatísticos internacionais mostram que só 5% desse público está disposto a abandonar as drogas (OEA/Cicad, 2003).

Do ponto de vista do paradigma tradicional, os 95% restantes são excluídos dos sistemas assistenciais e de qualquer programa de ajuda.

A proposta de RDD não exige a abstinência do consumidor: enfatiza a diminuição dos prejuízos que o consumo gera.

Os benefícios – para o usuário de drogas e para a comunidade – estão claramente demonstrados.

Como me disse um indivíduo que trabalha com RDD, "somos os principais provedores de pacientes para reabilitação. Um morto não pode começar nenhum tratamento".

A adição como doença

No início do meu caminho como psicólogo, ensinaram-me que a adição era uma *doença*. E que as condutas antissociais, infratoras, violentas ou manipulativas eram *sintomas* dessa doença que é a *adição*.
    Aprendi que as pessoas que consumiam drogas não gostavam de si mesmas.
    Que tentavam destruir-se.
    Que queriam prejudicar aqueles que as rodeavam, especialmente a família, "que lhes dava tudo para que fossem felizes".
    A ideia que associava o consumo de drogas ao suicídio em etapas estava muito presente nos argumentos que nós, profissionais de saúde, oferecíamos à população.
    Hoje, ao contrário, pensamos que a definição de saúde deve se basear em uma generalização e em uma oposição.
    A Organização Mundial da Saúde define "saúde" como "um estado de completo bem-estar físico, mental e social e não somente ausência de afecções e enfermidades".
    Como o leitor pode observar, não há uma definição de doença nessa frase; o termo aparece como aquilo que não é saúde.
    Quando eu trabalhava com os paradigmas tradicionais, estava muito claro para mim que a adição era uma doença (a adição às drogas), sendo minha tarefa curar o paciente para que ele pudesse continuar com sua vida feliz.
    Em inúmeras ocasiões fiquei satisfeito quando um paciente conseguiu manter um período prolongado de abstinência.
    Quando me lembro dessas experiências de reabilitação, ou vejo algumas atuais, vem-me à mente o conhecido relato do escritor uruguaio Eduardo Galeano (1989).

Ele descreve o encontro entre missionários e indígenas no Chaco paraguaio:

> O pastor Miguel Brun me contou que há alguns anos esteve com os índios do Chaco paraguaio. Ele fazia parte de uma missão evangelizadora. Os missionários visitaram um cacique que tinha fama de ser muito sábio. O cacique, um gordo quieto e calado, escutou sem pestanejar a propaganda religiosa que leram para ele na língua dos índios. Quando a leitura terminou, os missionários ficaram esperando. O cacique levou um tempo. Depois, opinou:
> — Você coça. E coça bastante, e coça muito bem.
> E sentenciou:
> — Mas onde você coça não coça.

Quantas vezes tenho a sensação de coçar onde não coça.

Vejo-me "atendendo", mas não "entendendo" – muito menos "aceitando" e "honrando" esse sintoma que se expressa com clareza.

E quantas vezes me senti desapontado quando aparecia uma recaída?

Hoje me pergunto se essas pessoas que conseguiram manter a abstinência "curaram" seu problema.

Hoje me pergunto se a adição é de fato uma doença. Ou, pelo menos, se é o que tradicionalmente consideramos "doença".

Na minha busca de respostas, encontrei vários autores que desafiam a visão tradicional da adição como doença.

Não me proponho a embarcar numa discussão que pode se tornar "bizantina"[77]; minha intenção é oferecer algumas

---

77. No século XV, quando os otomanos cercavam Constantinopla, os bizantinos se concentravam em debater o sexo dos anjos. Quando, numa discussão, as partes estão convencidas de sua posição e não é provável que mudem de ideia, diz-se que ela é "bizantina".

ideias que possam enriquecer a compreensão e o trabalho de acompanhamento de dependentes químicos.

A OMS define doença como "alteração ou anormalidade no estado fisiológico em uma ou várias partes do corpo, por causas em geral conhecidas, manifestada por sintomas e sinais característicos, e cuja evolução é mais ou menos previsível".

Com respeito à adição, a OMS também oferece uma definição: "Doença física e psicoemocional que cria dependência ou necessidade de determinada substância, atividade ou relação".

Quando vemos um adicto como doente, geralmente o fazemos partindo da concepção rígida, todo-poderosa e onisciente da medicina. Medicina essa que tem como principal ferramenta a proposta *clínica*.

A raiz grega da palavra clínica, *kliní*, faz referência ao leito onde os "pacientes" repousavam à espera que os doutores da época curassem seus males.

Segundo essa maneira de exercer a medicina, os pacientes têm de *pacientemente* esperar que sejam ajudados; ficam nas mãos de profissionais de grande sabedoria e experiência que fazem todo o necessário para que eles se curem.

Tudo isso sem que o paciente possa contribuir para sua recuperação. Quando deixam de ser responsáveis pela própria cura, também se eximem de toda a responsabilidade por sua doença.

Assim, é comum considerar que o adicto não é responsável por sua adição nem pelas consequências de seu comportamento.

Quanto aos critérios diagnósticos padronizados, esses são dinâmicos e mudam segundo critérios políticos, ideológicos e às vezes também técnicos.

Até 1973, o *Manual Diagnóstico e Estatístico de Transtornos Mentais* (DSM) – espécie de bíblia dos transtornos mentais – considerava a homossexualidade doença.

Em sua última versão, o DSM-5 se refere a "transtornos por consumo de substâncias".

Cada vez mais me convenço de que a adição não se cura porque não é uma doença.

Uma frase atribuída a Aldous Huxley[78] expressa uma visão ampla sobre a saúde e a doença: "A pesquisa das doenças tem avançado tanto que é cada vez mais difícil encontrar alguém que esteja completamente saudável".

O professor Francisco Morales Calatayud (1999)[79] afirma:

> Por exemplo, na citada definição chama a atenção que "saúde" seja praticamente postulada como sinônimo de "bem-estar", conceito que tem muito pouco valor prático, de difícil tradução em indicadores de uso generalizado e que sempre será condicionado pela representação que dele fazem em determinada sociedade e época, em um grupo social ou até mesmo por um indivíduo num momento particular de sua vida.

Enxergar quem consome drogas de maneira problemática não lhes permite ser protagonistas de sua recuperação nem assumir saudavelmente a responsabilidade por sua vida.

É sintoma de um sofrimento mais profundo.

Um importante autor da Gestalt-terapia, Joel Latner (1972), fala da procura do equilíbrio e do bem-estar: "A autorregulação do organismo não garante a saúde, mas apenas que o organismo faz o que pode com os meios dos quais dispõe".

O paradigma repressor-abstencionista prescinde absolutamente da realidade do outro.

---

78. Escritor e filósofo britânico conhecido por seus romances, ensaios e contos. Talvez sua obra mais conhecida seja *Admirável mundo novo*.
79. Licenciado em Psicologia, especialista em Psicologia da Saúde, doutor em Ciências da Saúde. Docente e pesquisador na Universidade de Ciências Médicas de Havana até 2012. Atualmente, é professor titular de psicologia no Centro Universitário de Paysandú.

Segundo as novas visões, a conduta aditiva seria a única maneira como algumas pessoas, pelo menos até aquele momento, têm conseguido obter certo equilíbrio e bem-estar.

As pessoas não se drogam porque "não se amam" ou porque "querem fazer mal a si mesmas".

Talvez seja o oposto.

Consumir drogas, ainda que de maneira aditiva, pode ser uma estratégia para manter uma vida cujo passado dilacerou.

Ou talvez por medo do futuro.

Bem além dos efeitos e prejuízos que acompanhem esse consumo.

Se olharmos os indivíduos, sua saúde e sua vida além dos modelos preestabelecidos do que são saúde, bem-estar e felicidade, entenderemos que as pessoas sempre fazem o que podem com o que têm.

Da culpa à responsabilidade

Numa tarde muito agradável de outono, eu compartilhava um chimarrão com minha esposa, Maria José, numa praça de Paysandú.

Entretínhamo-nos observando com atenção e certa saudade uma jovem mãe que ajudava o filho pequeno a manter o equilíbrio em sua bicicleta – que pela primeira vez estava sem as rodinhas que até então lhe serviam de apoio.

A lembrança das primeiras tentativas de nosso filho de andar de bicicleta nos convidava à nostalgia e, em silêncio, trocávamos olhares cúmplices.

Interessados em participar de um momento muito importante para aquele menino – o de passar pela infância deixando de lado as rodinhas delatoras de sua imaturidade –, ficamos observando a cena com emoção.

Depois de várias e breves tentativas de soltar a bicicleta e o filho rumo ao caminho de uma independência precoce, a mãe conseguiu ficar parada enquanto o menino avançava com pedaladas inseguras rumo ao futuro.

Como era previsível, depois de quatro ou cinco metros de sucesso, uma queda ruidosa nos assustou.

O menino começou a chorar desconsoladamente, procurando a mãe, que corria para perto dele.

Depois de um breve impulso de tentar ajudar o menino, percebi que o ciclista estava mais assustado pela queda espetacular do que pelos danos sofridos.

A mãe foi correndo em auxílio do pequeno ciclista, enquanto repetia em voz alta uma frase da qual nunca me esqueci.

— Bicicleta malvada! Bicicleta malvada que fez meu bebê cair!

Para nossa surpresa, ela dizia isso enquanto dava tapas no para-lama e no assento da pequena bicicleta.

Minha esposa e eu olhamo-nos instantaneamente, compartilhando em silêncio nossa opinião sobre aquela mãe que, sem dúvida, evitava que o filho se sentisse culpado pelo incidente "ciclístico".

Nunca me esqueci do episódio.

Foi um lindo exemplo de como alguns pais e mães evitam que seus filhos aprendam com suas "quedas", com suas "pancadas".

Sentem que evitam a dor em seus rebentos culpando outros por algo que é de responsabilidade exclusiva dos filhos.

No caso relatado, é evidente que o ocorrido foi fruto do processo de aprendizagem e busca de equilíbrio pelo qual passava o menino.

Muitos dos erros de nossos filhos ocorrem pelas mesmas reações e nas mesmas circunstâncias.

Eles *caem* procurando o equilíbrio... Aprendendo... Experimentando na busca de sua liberdade e arriscando-se à ausência do apoio com que até aquele momento lhes brindamos em seus primeiros passos.

E os golpes são inevitáveis... Esperados e pedagógicos.

É claro que nenhum de nós gosta que nossos filhos se machuquem. Nem física, nem emocional, nem psicologicamente.

Não gostamos. Mas eles precisam compreender que os golpes são parte do caminho para aprender e exercitar sua independência.

Eximi-los da responsabilidade pelo acontecido não os ajuda a procurar seu *equilíbrio.*

Quando trabalho com famílias que me consultam porque seu filho ou filha consome drogas, tenho a impressão de que estou assistindo a uma cena similar à do pequeno ciclista.

Ainda me espanta – embora agora eu consiga entender – como pais, mães e parceiros de consumidores encontram certa paz e tranquilidade culpando a droga.

Em geral eles estão convencidos de que o fracasso de seus filhos nos estudos é causado pelo consumo "dessa substância maligna que transforma as pessoas em seres diferentes".

O mesmo ocorre com condutas inadequadas ou pequenos furtos que nossos filhos cometem no lar.

Roubo de dinheiro, venda de roupas ou de objetos pessoais, destruição de móveis, insultos ou transgressões são seguramente causados por esse inimigo todo-poderoso que é *a droga*.

Claro... Agora compreendo.

Como pai, prefiro pensar que a culpa das condutas que não aceito em meus filhos são responsabilidade da "maldita droga".

Talvez para não ver a ausência de limites ou minha ausência física ou afetiva. Ou os conflitos do casal que se transferem para a vida familiar.

Para não ver tudo isso, prefiro culpar os outros.

A droga, os amigos, a namoradinha, o namoradinho, os moleques do bairro. Esses que levam meus filhos, saudáveis e inocentes, a fazer coisas que eles seguramente não querem fazer.

Esses seres malignos que os atrapalham e os fazem cair em condutas ruins. "E na droga."

Nunca falta um familiar louco, adicto ou estranho em nossa árvore genealógica que confirme a ideia de que essa conduta é genética.

— Ele é igual ao avô... Meu pai bebia.

Mas, indo além da ironia de minhas palavras, hoje consigo ver esses pais com respeito e amor.

Compreendo que necessitam conjurar seu medo dessa maneira.

Amar alguém também gera medo.

Descobrimos, a cada passo, que na verdade podemos controlar poucas coisas na vida de nossos filhos.

Isso nos ajuda a entender que *responsabilidade* não é o mesmo que *culpa*.

Não vamos culpar o menino que cai da bicicleta. Meninos e meninas não decidem cair da bicicleta e se machucar.

Mas não é a bicicleta que os faz cair.

Culpa e responsabilidade são conceitos que com frequência usamos como se fossem sinônimos, mas não são.

A culpa é um sentimento que acompanha a experiência de ter feito algo ruim, de ter prejudicado alguém, de ter violado algum tipo de código legal ou moral.

A culpa implica a iminência e a segurança de um castigo que é considerado justo.

Aparecem crenças que nos aferram ao passado e nos ancoram a uma situação que não podemos mudar, porque já aconteceu.

Por sua vez, é uma maneira de ficarmos na inação e na impotência de realizar os atos necessários para superar a situação culposa.

Aferramo-nos à culpa também para não agir, para não mudar.

Como a culpa tem que ver com o passado, eximimo-nos de atuar no presente.

Já a responsabilidade faz referência ao presente e nos permite avançar para o futuro. Não se refere ao que fiz, mas ao que posso fazer agora.

Ser responsável é aumentar a consciência das consequências de minhas decisões e, partindo dessa clareza, construir um presente mais de acordo com como escolho viver.

Fritz Perls introduz o conceito de "responsabilidade" como habilidade de responder:

A plena identificação consigo mesmo pode acontecer se você estiver disposto a assumir responsabilidade plena – habilidade para responder (response-ability) – por si próprio, por suas ações, seus sentimentos e pensamentos. E se deixar de confundir responsabilidade com obrigações. Essa é outra confusão semântica em psicologia. A maioria das pessoas acredita que responsabilidade significa "estar obrigado a", mas não é assim. Só você é responsável por si mesmo. Só eu sou responsável por mim mesmo.

Ser responsável é dar uma resposta.
Talvez não seja a resposta correta.
Mas é a melhor que posso dar nesse momento.
E esse momento é o presente.
O único tempo em que podemos mudar as coisas.
O passado já passou e o futuro ainda não chegou.
Ser responsáveis é viver o presente e assumir o futuro como resultado de nossa cocriação.

Como digo a meus pacientes, especialmente às mães de adictos que se sentem culpadas, "talvez você seja culpada dos erros que cometeu no passado, e isso não se pode mudar. Mas você é responsável pelo que fará de agora em diante".

E, no trabalho com adictos, a responsabilidade é uma peça-chave de seu empoderamento.

Como afirma minha querida colega espanhola Alfonsi Huerte Martínez:

> A responsabilidade é um fato, não podemos deixar de ser responsáveis pelo que fazemos; portanto, não se trata de uma escolha. É uma escolha dar-nos ou não conta dessa condição humana. No caso dos adictos, a dificuldade de compreender a conduta compulsiva, assim como as percepções sociais que os catalogam como "doentes" ou, em outros casos, "vítimas sociais", atrapalham ainda mais essa suposição.

Pôr o inimigo para fora

Na minha cidade, é comum ouvir programas de rádio patrocinados e dirigidos por "curandeiros".

Curandeiros e "mãos santas" que oferecem diagnósticos instantâneos apenas lendo a carta recebida pelo "paciente" ou falando com ele por telefone. O "diagnóstico" é acompanhado de orientações mais ou menos específicas e, muitas vezes, da indicação de consultá-los em pessoa.

Alguns maledicentes dizem que essas ligações não são reais, mas uma pequena obra teatral protagonizada pelo "curandeiro" e por um ator de elenco circunstancial, que certo dia é um marido abandonado, em outro é um pai cuja filha saiu de casa e, outras vezes, um empresário que quer fazer negócios.

Algo como um *reality fiction*[80].

Esses programas me chamam a atenção especialmente quando o motivo da consulta é uma adição.

A ligação mais frequente é a de uma mulher angustiada, preocupada e desesperançada que, tendo procurado médicos, psicólogos e toda sorte de tratamentos convencionais, recorre à magia e à fé para recuperar o marido alcoólico.

Depois de uma breve fala da esposa desesperada, já que os minutos no rádio custam caro, o apresentador do programa lhe explica que nem ela nem o marido são responsáveis pelo que acontece.

Tanto ela como seu parceiro são vítimas de uma conspiração. Da maldade de uma ex-namorada, de uma amante desprezada ou de uma amiga que tem inveja de seu casamento feliz.

---

80. Chamado também de *telerrealidade*, é um gênero televisivo que mostra situações que parecem ocorrer na vida real, mas na verdade são atuações sem roteiro nas quais um elenco contratado interage.

Essa pessoa má, recorrendo à magia de outro bruxo ou curandeiro sem escrúpulos, levou o pobre homem ao alcoolismo e à destruição da linda família que eles compunham até aquele momento.

Nem o homem nem sua esposa são responsáveis pelo que acontece. A responsabilidade pertence a essa mulher misteriosa, quase sempre loira e que espreita seu lar a fim de destruí-lo.

Das sombras, ela faz que esse homem – pai de família, boa pessoa e marido devoto – caia em suas garras por meio de uma poção mágica e maléfica. Tal poção é muitas vezes chamada de "beberiso"[81].

A primeira coisa que penso quando ouço esses "diagnósticos" é a similaridade entre eles e o discurso de vários pacientes que chegam a meu consultório.

O pai e/ou a mãe de um adolescente que consome drogas vê nos amigos e no parceiro do jovem os responsáveis por seu consumo. "São os amigos que o conduzem por esse caminho".

O homem de meia-idade que liga para o programa preocupado com o alcoolismo de sua esposa rapidamente relaciona essa situação aos genes. "Ela bebe porque seu pai e avô bebiam... Ela traz essa herança no sangue."

E nunca falta quem responsabilize "a droga" pela destruição da família:

— Ela não era assim antes, era uma menina boazinha.

— A droga o mudou e o fez abandonar os estudos.

— Meu marido é maravilhoso quando não bebe. É o vinho que o torna violento e faz que me bata. É o vinho. Não é ele.

Em todas essas situações encontramos um denominador comum: a busca de um culpado ou responsável que esteja fora do meu círculo afetivo.

---

81. Chamada também de "bebediso", é uma poção feita com diversas substâncias que serve para curar, envenenar ou enfeitiçar, fazendo quem a bebe perder a cabeça.

O marido que caiu nas garras da loira e de seu "beberiso", o homem tranquilo que o vinho deixa violento e os filhos que "a droga" afasta do lar ficam eximidos de toda responsabilidade.

Isso é algo que no fundo todos queremos: culpar o outro. Convencer-nos de que a responsabilidade pelo que acontece não é nossa. E, como a responsabilidade não é nossa, não precisamos nos questionar.

Não é necessário mudar nada.

Só é preciso tirar a loira malvada, os amigos do meu filho e a droga da nossa vida.

Todos nós precisamos ver o inimigo lá fora.

Sobreviver na prisão

No ano de 2014, chegou ao meu consultório uma família que enfrentava uma situação muito angustiante.

Chorando, a mãe contou que o filho estava na prisão por um acidente de trânsito em que morreram uma jovem mãe e sua filha pequena.

Pablo, estudante de Engenharia e jogador de rúgbi desde a infância, tinha saído à noite para uma festa que celebrava um importante aniversário do clube.

Perto das sete da manhã, voltava para casa com a namorada quando sentiu uma forte batida no lado esquerdo do carro.

Sem entender o que havia acontecido, parou o carro e viu a mulher e a menina estendidas no chão.

Ambas não se mexiam.

Depois se soube que a mãe levava a filha para a casa dos avós e em seguida iria para o trabalho.

Aterrorizado, o jovem entrou no carro e fugiu.

Graças à declaração de testemunhas e às imagens obtidas da câmera de um caixa automático, uma hora mais tarde a polícia o prendeu na casa de seus pais.

O teste do bafômetro revelou que o jovem havia consumido muito álcool.

Pelas características do acidente, e para dar o exemplo, o juiz condenou o rapaz a dois anos de prisão.

Mas o motivo da consulta não era a prisão do jovem, que já cumprira seis meses de pena. O que preocupava a família era que eles tinham sido informados de que o filho consumia maconha na prisão.

A notícia de que seu filho mais velho, um jovem esportista e futuro arquiteto, tivesse "caído nas drogas" os preocupava muito.

Sentados em meu consultório, com gestos sérios e angustiados, os pais de Pablo me pediram:

— Por favor, ajude-o a deixar as drogas.

Com muitas dúvidas, e surpreso com o fato de os pais se preocuparem mais com o consumo de maconha do que com as condições de reclusão do filho, aceitei visitá-lo na prisão na semana seguinte.

Seus pais combinaram com as autoridades prisionais uma entrevista para uma chuvosa manhã de segunda-feira.

Quem visita centros penitenciários sabe que não é uma experiência agradável. Desde a porta de entrada se respira tensão, rudeza e dor.

Sua arquitetura, sua "decoração", as cores de suas paredes e os rostos de guardas e funcionários indicam que estamos entrando num lugar de sofrimento e castigo.

A intensa chuva e os trovões que retumbavam não melhoravam em nada a experiência.

Como cortesia, e pela escassa periculosidade do recluso, ofereceram-nos um local um pouco mais *amigável* que a sala de visitas.

Depois de apresentar-me e perguntar-lhe como estava, Pablo respondeu:

— Bem — típica resposta para não dizer nada que o comprometa.

Depois de um tempo, entre lágrimas, relatou as duras condições que enfrentava.

Embora tivesse sido enviado para um setor bastante tranquilo, achava que não conseguiria suportar os 18 meses de pena que ainda precisa cumprir.

Falamos de vários assuntos.

Dos últimos resultados das partidas de futebol, do clima instável e errático que vivíamos.

Também conversamos sobre ele, sua família, sua namorada e o que havia acontecido no acidente de trânsito.

Falamos de tudo, menos "das drogas".

Com a promessa de voltar na semana seguinte, me despedi com um abraço e perguntei se ele queria mandar um recado para os pais.

Enquanto dirigia de volta para casa, na minha cabeça se repetia uma frase que definiria minha estratégia de abordagem do consumo de maconha de Pablo: *se eu estivesse preso, também estaria drogado.*

Minha certeza, naquele momento, era a de que o consumo de maconha fora a maneira encontrada por Pablo para suportar condições físicas e emocionais adversas.

Por isso, na próxima entrevista com os pais de Pablo, expliquei-lhes que minha estratégia seria orientar e acompanhar Pablo partindo de um enfoque de redução de riscos e danos.

Não lhe proporia a abstinência como eixo do tratamento. A estratégia seria acompanhá-lo em seu verdadeiro problema: a reclusão.

Também ia trabalhar para que seu consumo de drogas não prejudicasse sua saúde nem o expusesse a situações perigosas.

Não muito convencidos, mas consolados por meu compromisso e disposição, os pais aceitaram a proposta.

Acompanhei Pablo até sua liberação.

Na primeira entrevista que tivemos em meu consultório, depois que Pablo saiu da prisão, indaguei-lhe acerca do consumo de maconha.

O jovem, que parecia um pouco mais adulto, respondeu:

— Não fumo mais... Agora estou aqui fora.

Hoje não me arrisco a assegurar a ninguém que sua vida será melhor se deixar as drogas – especialmente quando seu problema não são elas.

As drogas podem ser sua estratégia de confronto e sobrevivência numa realidade ameaçadora.

No livro *Na fissura*, Johan Hari relata a visita do senador norte-americano Robert Steele, eleito por Connecticut, a um front de batalha durante a Guerra do Vietnã.

Ao voltar da selva vietnamita, ele só conseguiu declarar o seguinte ao Senado: "O soldado que hoje vai ao Vietnã do Sul corre muito mais riscos de se transformar num viciado em heroína do que de cair morto no campo de batalha".

Durante a invasão dos Estados Unidos ao continente asiático, ocorrida entre 1955 e 1975, o consumo de opiáceos era bastante comum entre as tropas.

O senador Steele não só se horrorizou com o que viu como vislumbrou o que aconteceria quando os soldados voltassem para casa. Imaginou um exército de milhares de viciados em drogas que, tal qual um exército de zumbis, assolaria o povo norte-americano.

Essa ameaça foi debatida no Senado; na ocasião, Harold Hughes, eleito por Iowa, advertiu: "Nas grandes cidades de nosso país a era de Al Capone será, dentro de uns meses, fichinha em comparação com o que vem a seguir".

Isso me lembra alguns argumentos que, nos campos da política e da saúde, eram utilizados para fazer oposição à Lei de Regulação do Mercado de *Cannabis*.

— Os jovens uruguaios vão passar o dia todo drogados – afirmavam algumas vozes apocalípticas no início da discussão da futura lei.

Uma advertência que hoje, quase dez anos depois, comprovadamente não se cumpriu.

A verdade é que a Guerra do Vietnã terminou e os soldados voltaram para casa. E em pouco tempo aconteceu algo que ninguém esperava e que Hari expõe em seu livro: "Estudo publicado na revista *Archives of General Psychiatry* mostra que 95% deles deixaram de consumir opiáceos ao cabo de um ano".

Quanto aos 5% restantes, constatou-se que sofriam de diferentes problemas desde a infância ou consumiam substâncias antes de ir para a guerra.

Se coubesse a nós suportar uma selva úmida, fétida, cheia de insetos e de milhares de pessoas ameaçando nos matar, muitos de nós recorreríamos aos "vapores de devaneio" das drogas.

O estudo publicado depois da Guerra do Vietnã e a experiência de reclusão de Pablo mostram que, quando mudam as condições insalubres, arriscadas e/ou traumáticas na vida de um adicto, o consumo de drogas tende a cessar naturalmente.

Ouvir a adição

Há muitos anos, quando eu ainda era estudante de Psicologia, chegou a minhas mãos um livro que me virou a cabeça. Um livro que questionou minhas ideias sobre a doença e me permitiu ver além do aparente.

A doença como caminho (Dahlke e Dethlefsen, 1992) propõe uma visão diferente da doença e dos sintomas, mostrando que as doenças não são um obstáculo com que se cruza no caminho, mas *o caminho da cura*.

A medicina passou a maior parte de sua história combatendo os sintomas.

Dada sua profunda raiz militar, não é por acaso que muitos movimentos sociais e institucionais dedicados ao tratamento de distintas doenças tenham, no próprio nome, uma postura bélica.

As organizações de "luta contra o câncer" "luta contra a tuberculose" e a "luta contra as drogas" mostram essa propensão à guerra.

Um posicionamento contrário à escuta, à aprendizagem e à aceitação.

Nana "Schnake[82], importante mestra para todos os Gestalt-terapeutas latino-americanos, tem-nos ensinado a importância de ouvir os sintomas.

No tratamento de pessoas que consomem drogas, esse diálogo é fundamental para que possamos agir onde é necessário.

Há poucos meses recebi uma ligação quase desesperada de uma mãe que, com surpresa e decepção, descobrira que a filha, quase adulta, consumia álcool desde o início da adolescência.

---

[82]. Dra. Adriana Schnake, psiquiatra chilena autora de vários livros e de um método de abordagem de doenças orgânicas baseado na Gestalt-terapia.

Na família ninguém considerava que Ana fosse abstêmia, já que seu consumo era evidente, conhecido e celebrado. Especialmente nas festas familiares, nas quais Ana era a mais alegre e divertida, segundo seus pais.

Na última discussão familiar, Ana lhes tinha dito que se embebedava todas as noites e escondia as garrafas nos lugares mais insólitos.

— Vocês não sabem nada de mim! – gritou Ana para os pais enquanto chorava descontroladamente.

Já no consultório, Ana, sua mãe e seu pai falavam e gesticulavam acerca daquela descoberta e de como se sentiam mal por isso.

Ana parecia ter bem menos que os 17 anos que declarava. Sua compleição miúda, seu rosto de menina e seu olhar permanentemente voltado para o chão faziam que ela parecesse uma adolescente caprichosa e rebelde.

Como se seguissem um roteiro, os pais se alternavam para falar de como a família era maravilhosa, dos esforços que eles faziam por Ana e de como a juventude de hoje estava perdida.

Olhando para o chão, com os cotovelos apoiados nos joelhos, Ana parecia distante e imune às palavras que ouvia.

— Por que fui contar a vocês? — sussurrou a jovem em meio ao monólogo paterno.

Durante o discurso catártico dos pais, ouvi a mãe dizer com voz firme e olhando para a filha:

— Por que você precisa se embebedar? Você tem tudo!

Ana levantou violentamente a cabeça, cravou o olhar na mãe e cuspiu:

— Você não sabe nada sobre o que tenho e sobre o que me falta!

Fez-se um silêncio ensurdecedor, que não me atrevi a interromper por alguns segundos.

Em seguida, disse aos pais:

— Vamos fazer uma experiência. Que tal usar a frase "Por que você precisa" com ponto de interrogação e não de exclamação?

Enquanto falava, eu fazia os sinais de interrogação e exclamação com as mãos, tentando transmitir o sentido da proposta.

Para que não houvesse dúvidas, disse a eles:

— Proponho que vocês perguntem a Ana: do que você precisa?

Ambos se olharam com surpresa e concordaram com minha proposta.

Mudaram de posição para ficar de frente para Ana. A mãe, num tom muito diferente do que estava usando antes, lhe perguntou:

— Amor... Do que você precisa?

Ana, que voltara a esconder a cabeça, apoiando os cotovelos nos joelhos, começou a respirar de maneira diferente. Uma respiração entrecortada que deu lugar a um choro profundo e liberador.

Ana chorou desconsoladamente, como se fosse uma criança.

Seus pais, visivelmente emocionados, tiveram o impulso de abraçá-la e consolá-la.

Sinalizei delicadamente que não o fizessem. Que permitissem a Ana se expressar.

O choro foi ficando mais calmo e permitiu que a jovem respondesse à pergunta. Enxugando as lágrimas e olhando para os pais, ela disse:

— Preciso que me vejam. Que olhem para mim. Eu amo o meu irmão, mas não aguento mais não existir para vocês.

Ana é a irmã mais velha de Iván, que nasceu com síndrome de Down e uma cardiopatia congênita. Esse último problema o forçou a entrar e sair de hospitais e consultórios. Iván tinha grande necessidade de atenção.

Os pais dedicaram-se quase por completo ao cuidado do Iván, cuja vida ficou em risco em várias oportunidades. Até hoje, com 16 anos, ele precisa de cuidados especiais.

Por ser a irmã mais velha, Ana ficou relegada a segundo plano e desde a infância sentiu falta da atenção e do "olhar" dos pais.

Em sessões posteriores, percebeu que consome álcool para sentir-se "alguém". Nas festas familiares, quando está bêbada, sente-se olhada por sua loquacidade e pela estabanação "etílica" com que diverte a família.

À noite, sozinha no seu quarto, embriaga-se para conseguir dormir sem que a cabeça e o coração reclamem por que os pais não gostam dela.

— Porque só têm olhos para Iván.

Ana, e todos os quem usam e abusam das drogas, obtêm algum "benefício" desse consumo. Mesmo nos casos em que o modo, as circunstâncias e a intensidade do consumo lhes trazem muitos prejuízos.

As pessoas não se drogam porque são burras.

As perguntas retóricas, aquelas que já vêm com resposta, não constituem em absoluto uma intervenção terapêutica.

Perguntar a um adicto "Por que você precisa se drogar?" é como dizer que não aceita sua adição. Que no seu entendimento não há lugar para ele nem para seu comportamento.

Convido você a mudar os sinais que acompanham essas palavras e assim se abrirá uma gigante possibilidade de ajuda.

Se você se atrever a perguntar com amor, com aceitação e deixando de lado os preconceitos, encontrará aqueles "para quê" que mantêm o vínculo aditivo.

O problema original

Em 1993, eu iniciava minhas primeiras abordagens a um assunto que me gerava curiosidade, medo e desconfiança.

Como estudante de Psicologia, as drogas eram algo que não faziam parte do meu mundo, mas por vezes me geravam interesse e vontade de saber mais – talvez por ter tido um pai alcoólatra, por curiosidade profissional ou por ambos os motivos.

Como parte de minha formação curricular, tive a oportunidade de participar de entrevistas práticas realizadas num hospital psiquiátrico de Montevidéu. Um lugar lúgubre, com um fedor penetrante de corpos sujos e de loucura.

A maioria dos pacientes – consumidores de drogas e alcoólatras que não tinham condições econômicas de pagar por uma clínica privada – era internada em hospitais psiquiátricos.

Esses pacientes passavam os dias "drogados" com psicofármacos, assistindo à TV e conversando com alguns dos esquizofrênicos com que dividiam sua estadia.

Era uma dessas entrevistas práticas coordenadas por uma psicóloga, Adriana, que tinha muita experiência no assunto drogas e uma sólida formação realizada na Espanha; fazia cinco anos que ela trabalhava na área psiquiátrica.

Sua altura e seus olhos verdes impunham seriedade e sugeriam segurança.

Do outro lado de uma velha mesa, Carlos, um magro e desajeitado consumidor de cocaína de cerca de 45 anos, músico de profissão, olhava-nos com certa curiosidade e pouca vontade. Sua internação psiquiátrica fora uma condição imposta pela esposa a fim de manter o casamento.

Adriana realizava as perguntas de rotina: substância consumida, frequência do consumo, data de início, forma de consumo, outras substâncias consumidas etc.

Em silêncio, e à esquerda da psicóloga, eu observava aquele questionário. O que primeiro me chamou a atenção foi o pouco interesse de Carlos em responder àquelas perguntas.

Depois de algumas respostas, Carlos olhou para nós dois e, um pouco incomodado, indagou:

— Vocês só vão me perguntar sobre o consumo de drogas?

E, olhando para mim, disse:

— Perceba que eu sou mais do que as drogas que consumo. Também tenho uma vida.

Produziu-se um silêncio muito incômodo e questionador. Tive a sensação de estar desapontando o paciente. Percebi que seu incômodo provinha do fato de nós não termos enxergado quem de fato ele era.

O tenso silêncio foi interrompido quando Adriana, encarando o paciente com seus penetrantes olhos verdes, disse:

— Paramos por aqui. A gente se vê na próxima semana.

Carlos foi embora entre zangado e desiludido.

Fiquei em silêncio, sentindo que algo não se encaixava entre minha cabeça e meu coração.

Olhei para Adriana esperando alguma orientação ou palavra que me ajudasse a sair de minha confusão.

Ela com certeza percebeu, porque levantou o olhar de seus papéis e disse:

— Como custa a eles reconhecer seu problema.

Permaneci em silêncio sem saber o que dizer. Sentindo que não conseguíamos ver além das drogas. Não conseguíamos ver Carlos, sua vida e suas circunstâncias.

Talvez ele não pudesse reconhecer "seu problema" porque este não eram as drogas.

Talvez a psicóloga tivesse razão. Carlos não conseguia reconhecer seu problema – e nós tampouco.

Muitos de nós vivem situações traumáticas ou uma infância difícil. Inúmeras pessoas nascem e passam parte da vida num ambiente hostil. Como costumo dizer a meus alunos e pacientes, "nenhum de nós vem da Disneylândia".

Gosto muito de uma frase atribuída a Sartre[83]: "Somos o que fazemos com o que fizeram de nós".

Esse pensamento reflete a responsabilidade por nossa vida e a possibilidade de mudar a realidade sem tentar mudar o passado.

O que passou, passou.

As vivências e experiências que tivemos são parte de nosso passado. O que define o que somos é o que podemos fazer com elas.

Como ensina a Gestalt-terapia, não podemos mudar esse passado, mas podemos influenciar nosso presente.

Mudamos nossa realidade administrando as ferramentas com as quais contamos e obtendo as que ainda faltam.

Quando olhamos para um adicto, por acaso nos perguntamos:

— Como seria sua vida se ele não tivesse se envolvido com as drogas?

— O que seria de sua existência se ele não dedicasse a vida ao trabalho?

Curiosamente, damos como certo que seria melhor sem drogas. Mas realmente estamos seguros disso?

Não estou seguro de muitas coisas e muitos menos de que sua vida seria melhor sem suas drogas e sua adição. Jamais ousaria fazer semelhante afirmação.

Pensar que sem drogas estaria melhor é vê-lo como burro ou idiota.

---

83. Filósofo, escritor, romancista, dramaturgo, ativista político, biógrafo e crítico literário francês, expoente do existencialismo e do marxismo humanista.

Cada vez estou mais convencido de que a adição não é a "doença", mas o "sintoma". Uma *via régia* que podemos usar para chegar ao verdadeiro sofrimento daqueles que queremos ajudar.

Em vez de pensar: "Essa pessoa sofre porque é adicta às drogas", poderíamos dizer: "Essa pessoa é adicta às drogas porque sofre".

A busca da origem desse sofrimento deve ser a premissa de todo tratamento autêntico de reabilitação de dependentes químicos.

Considerar que a abstinência é o objetivo final de um processo de reabilitação é um ato de miopia que se baseia numa visão antiga da adição.

A abstinência às drogas seria como "soltar as muletas".

O desafio é *acompanhar a caminhada* do paciente usando os próprios meios.

No vínculo terapêutico com adictos, devemos enxergar que "mais além" das drogas há muita dor, solidão, traumas ou mágoa. Situações que colocam a existência deles em risco e demandam um "anestésico" para manter a vida cotidiana.

Em seu livro *Gestalt de vanguardia*, Claudio Naranjo inclui uma citação de Paolo Baiocchi[84], uma das primeiras referências gestálticas que encontrei sobre essa nova visão:

> Todas as dependências são compensações para problemas, e não o problema em si. As compensações se tornam compulsivas porque são a forma mais rápida que a pessoa tem de criar prazer. O prazer é o maior anestésico do mundo.
>
> Pensemos numa árvore, em cujos galhos encontramos distintas manifestações de um vínculo aditivo: a adição às drogas, à comida, ao jogo ou ao trabalho.

---

84. Médico, psiquiatra e psicoterapeuta italiano. Colaborador de Claudio Naranjo nos programas Seekers After Truth (SAT). Diretor do Instituto de Gestalt de Trieste (Itália).

Talvez imaginando que podando os galhos, ainda que de modo organizado e profissional, vamos solucionar o problema.
O que não vemos é o que não está à vista.
O que sustenta e nutre esses galhos. *Suas raízes.*
Se conseguirmos ver além do aparente, se corrermos o risco de *chegar até as raízes*, vamos encontrar "o problema".
Enterrados, em silêncio, descobriremos vergonha, culpa, medo e raiva.
Encontraremos um abuso infantil, lutos não resolvidos, profunda solidão, situações de violência e traumas emocionais.
Situações que o indivíduo não conseguiu processar no momento em que ocorreram, fosse pela magnitude do fato ou porque este aconteceu em idade precoce.

O naufrágio da dor

Há cerca de três anos, quando eu começava a trilhar o caminho para publicar estas ideias, chegou ao meu consultório Misha, um produtor rural da região de San Javier, que aparentava uns 60 anos.

Os habitantes de San Javier são, em sua imensa maioria, descendentes das primeiras 300 famílias que compunham um grupo de imigrantes russos que chegaram ao Uruguai com Basilio Lubkov[85] em maio de 1913.

É uma localidade de aproximadamente 200 habitantes, que vivem muito apegados às suas tradições russas; suas festas são reconhecidas internacionalmente.

Misha e sua esposa, Helga, se apresentaram como produtores rurais que trabalhavam em família a terra herdada de seus pais.

Naquela tarde de abril, com folhas caindo das árvores, Helga, sentada em meu consultório, olhava para Misha e para mim como se procurasse respostas para sua preocupação.

Com lágrimas em seus profundos olhos azuis, claramente angustiada e com raiva, começou a relatar que Misha era alcoólatra desde a adolescência.

— Sempre bebeu. Desde que o conheço sei que bebe, mas agora ele se descontrolou.

Misha, um "gringo" alto, fornido, com mãos grandes e curtido pelo trabalho no campo, mantinha o rosto impassível enquanto olhava para o chão.

Helga continuou:

---

[85]. Líder religioso e dissidente da Igreja ortodoxa russa, Lubkov fundou uma colônia no Uruguai com o objetivo de conseguir liberdade religiosa e terras férteis para seus seguidores.

— Há alguns dias, bateu a caminhonete e quase matou a si e ao meu filho. Isso tem de parar. Já não aguento mais.

A mulher desatou um choro incontrolável e pela primeira vez Misha a olhou. Foi um instante; logo seu olhar voltou ao chão.

Quando o choro de Helga diminuiu, olhei para Misha e perguntei:

— Como você está?

Surpreso, ele ergueu o olhar. Talvez esperasse que eu o recriminasse ou admoestasse, como certamente diversas pessoas haviam feito.

Talvez a ternura da minha pergunta e minha preocupação autêntica com ele o convidaram a responder:

— Bem não estou. A verdade é que Helga tem razão.

Conversamos um pouco mais, sem abordar pontualmente o assunto do alcoolismo. Fiquei sabendo que o casal tem três filhos, dois dos quais vivem com eles.

Surpreendi-me quando descobri que Misha não tinha nem 50 anos. Sua desolação lhe acrescentava pelo menos dez anos.

Marcamos um novo encontro, no qual Misha e eu conversaríamos a sós.

Helga me advertiu:

— Olha lá... Ele não disse a verdade aos médicos.

Tranquilizei-a dizendo que "a verdade" apareceria quando ele assim o decidisse.

— Não tenho pressa para conhecer a verdade. Quando chegar, chegará — eu disse a Helga sorrindo, enquanto olhava para Misha e apertava firmemente sua mão.

Não é comum que um adicto ao álcool, da zona rural e com tantos anos de consumo esteja disposto a aderir à psicoterapia.

Misha já participara do grupo de Alcoólicos Anônimos em Paysandú e consultara psiquiatras; Helga inclusive recorrera a uma curandeira local.

Talvez por minha origem – como já comentei, sou neto de imigrantes alemães –, talvez por meu interesse e gosto em visitar San Javier ou porque falamos de muitas coisas menos do consumo de álcool, Misha compareceu a várias sessões.

Numa delas, começamos a trocar opiniões sobre "o porquê" de seu consumo de álcool.

— Talvez o álcool esteja ajudando você a lidar com algo que dói. Algo de agora ou de antes.

Imediatamente ele me contou sobre sua infância.

Vivia com os pais e mais seis irmãos.

A lembrança do pai, um homem alcoólatra, duro e violento, produzia uma mudança em sua voz e seu olhar imediatamente se voltava para o chão.

Nas sessões seguintes, enfoquei as lembranças de sua infância e de seu pai, que falecera quando Misha era adolescente.

Certo dia, ele me ligou para dizer que não viria à sessão porque estava se sentindo mal.

— Algo não caiu bem no meu estômago — ele afirmou.

Respondi-lhe em tom astuto:

— O problema é no estômago ou no coração? — fazendo referência ao que tínhamos conversado em nosso último encontro.

Ele deu fortes gargalhadas e explicou enquanto tossia:

— Você é fogo!

Despedimo-nos com o compromisso de que Micha retomaria a terapia na semana seguinte.

Devo reconhecer que esperei ansiosamente a próxima consulta. Não seria estranho que ele abandonasse o tratamento. Mas Misha compareceu pontualmente na hora marcada.

Ao se sentar, olhou-me e disse:

— Já sei o que me caiu mal.

Com angústia contida, e tentando ser claro, ele relatou uma cena que volta e meia surgia em sua mente e o perturbava.

Quando ele e seus irmãos dormiam, do quarto de seus pais provinham sons perturbadores. Com muita frequência, Misha acordava com o barulho de socos e a voz de sua mãe dizendo "calma, calma".

Enquanto os irmãos dormiam – ou assim lhe parecia –, ele se levantava e se punha a ouvir atrás da porta fechada do quarto dos pais. As cenas eram sempre violentas. Quase sempre era igual.

Móveis sendo golpeados, a mãe soluçando e pedindo ao pai que se acalmasse. E depois gemidos, choros que se confundiam entre o angustioso e o sexual.

O medo do pai e a culpa por não ajudar a mãe o levavam a refugiar-se em sua cama e a chorar a noite toda.

Até hoje.

Misha me disse uma frase que nunca mais esquecerei, e que resume o sentido de sua adição ao álcool:

— Se eu não me embriago, ouço os sons da minha mãe, e isso me dá muita raiva e tristeza.

Misha me mostrou seu "naufrágio".

Focamos no trauma. Na lembrança daqueles episódios de violência – dos quais fui um ouvinte angustiado.

Mediante técnicas gestálticas e bioenergéticas, fomos integrando a situação, trabalhando a culpa e a raiva contra seu pai.

Foi fundamental falar com alguns de seus irmãos, que confessaram que ouviam os gritos da mãe, mas fingiam estar dormindo por medo do pai.

Embora a mãe de Misha ainda esteja viva, ele não quer mencionar o episódio para evitar que ela reviva aquela dor.

— Está muito velha. Já passou.

Depois de vários meses, o agricultor conseguiu "soltar a tábua".

Não deixou o álcool definitivamente, mas foi capaz de escolher com maior liberdade quando e onde consumi-lo.

Também trabalhamos fortemente com sua esposa e seus filhos mais novos, que tinham se adaptado ao alcoolismo de Misha. Quando ele mudou sua maneira de beber e de viver, aqueles à sua volta se sentiram confusos e, inconscientemente, tentaram voltar à "normalidade".

Quando comecei a escrever estas linhas, tive vontade de saber como Misha estava.

Sua voz ao telefone soou bem. Contou-me que esperava seu primeiro neto, e que as coisas estavam tranquilas com a família.

Ficamos de nos encontrar da próxima vez que eu visitar San Javier.

Quando as drogas não são o problema, mas a solução

No artigo "Um olhar gestáltico para adições: conexões e desconexões", a prestigiosa Gestalt-terapeuta brasileira Selma Ciornai[86] (2017) faz algumas perguntas sobre as adições: "Que função desempenham em nossa autorregulação organísmica? Para que apontam? O que encobrem e o que revelam? O que interrompem ou bloqueiam? O que proporcionam? Com o que nos conectam ou nos desconectam?"

Quando penso em "dependência", imediatamente a associo com a acepção literal proveniente do latim, que significa "pendurar" ou "prender".

Talvez para não cair na depressão ou na morte.

Há algum tempo, fui convidado pela Secretaria de Saúde da prefeitura de Uruguaiana (Brasil) para um evento do qual participaram *experts* e estudantes que trabalhavam – ou gostariam de trabalhar – na área da saúde mental e no tratamento de dependentes químicos.

O convite me foi feito por três colegas de Uruguaiana: Maria Cledi Fogliato, Liene Pereira e Maria da Graça Videiro.

A atividade se desenvolveu no auditório da Secretaria de Saúde e contou com muitos profissionais locais. Também participaram estudantes e psicólogos da fronteiriça cidade argentina de Paso de los Libres.

Ao finalizar a palestra, passei uns minutos conversando com alguns dos presentes; em seguida iríamos a um dos maravilhosos restaurantes por quilo, onde eu recuperaria as energias depois de uma jornada muito agradável e produtiva.

---

[86]. Psicóloga, doutora em Psicologia Clínica, mestre em Arteterapia e Gestalt-terapeuta pelo Instituto de Gestalt de San Francisco (EUA).

Um dos participantes, um jovem estudante de Psicologia, parecia esperar que ficássemos quase a sós.

Quando só restavam alguns organizadores, ele se aproximou e contou que o pai é alcoólatra e que, ao assistir à minha palestra, entendeu por que não conseguia parar de beber.

Emocionado e dando-me um forte aperto de mãos, o rapaz disse:

— Sempre senti que tinham tirado a escada do meu pai e que ele ficara pendurado pelo pincel. Agora percebo que queremos também lhe tirar o pincel.

Fiquei surpreso e emocionado com aquela imagem tão gráfica com que o jovem estudante me presenteou. Ela representa claramente o conceito de "dependência".

Agradeci-lhe por suas palavras e ficamos um tempo trocando impressões e opiniões. Porém, as organizadoras e meu estômago indicavam que era hora de almoçar.

Propondo um jogo de palavras com a frase "o problema das drogas", fui instigado a propor uma maneira diferente de ver esse "problema".

Hoje estou convencido de que o *problema das drogas* não tem nada que ver com *as drogas*. Estas não são o problema, mas a melhor solução que aquele indivíduo encontrou para permanecer vivo.

A melhor solução que um adicto encontrou até agora.

Tal ideia foi confirmada pelo psicólogo argentino Guillermo Leone[87] ao contar-me suas experiências como coordenador de constelações familiares[88]:

---

[87]. Psicólogo, Gestalt-terapeuta e professor internacional de Gestalt-terapia e de constelações familiares.
[88]. Conjunto de procedimentos e técnicas embasados em diferentes linhas terapêuticas que foi sistematizado pelo missionário católico alemão Bert Hellinger. As constelações familiares são uma combinação de diferentes disciplinas, como Gestalt-terapia, terapia do grito primal, terapia sistêmica, hipnose ericsoniana etc.

Em algumas constelações que coordenei, quando escolhia um representante para o álcool ou para uma droga específica, era incrível o amor que aparecia na relação com tal substância.

Por exemplo, o álcool dizia: "Eu sou o único que o espera sempre, você pode me encontrar em qualquer lugar e eu nunca lhe disse não, enquanto outros fechavam as portas, o rejeitavam... Eu sempre estive e estou aqui para ajudá-lo com seus problemas.

O fechamento do trabalho não podia ocorrer sem que a pessoa reconhecesse que aquela droga, por diversas vezes, a apoiara em meio a uma dor insuportável. Sem que agradecesse e abraçasse a substância sem a qual não teria conseguido resistir.

Não é a droga, mas a gaiola

No livro *Na fissura,* Johann Hari narra a continuação de um experimento que, em minhas primeiras referências formativas, aparecia como evidência importante do caráter aditivo do ser humano.

Os livros e artigos a que recorríamos, no início dos anos 1990, falavam sobre um experimento realizado nos Estados Unidos que afirmava que nós, seres humanos, somos adictos por natureza. Que o excesso, a fuga e a predisposição à adição estão em nossos genes.

Segundo o paradigma dominante à época, as drogas eram vistas como substâncias extremamente sedutoras e capazes de viciar qualquer pessoa que se expusesse a elas.

O estudo em questão, feito nos anos 1950, foi realizado com ratos, nos quais foi implantado um dispositivo de autoadministração de substâncias. Os animais foram trancados em gaiolas isoladas a fim de que seu comportamento diante das drogas fosse avaliado.

Por meio desse implante, e de uma alavanca que os animais podiam acionar, os cientistas observaram que os que estavam engaiolados administravam a si mesmos uma grande quantidade de drogas

Muitos animais deixavam de comer e de beber água, morrendo de desnutrição ou de overdose.

Para os estudiosos da época, tratava-se de um exemplo claro de que as drogas atrapalhavam o arbítrio dos animais e os levavam a uma corrida desenfreada rumo à morte.

Para aqueles que trabalhavam com o tema, era uma evidência científica do poder das drogas e dos perigos que rondavam quem se expunha a elas.

O que não sabíamos, ou não quisemos saber, é que essa experiência foi repetida em 1997 pelo professor Bruce

Alexander[89], que mudou algumas de suas características e obteve resultados assombrosos.

Ele reuniu uma equipe de pesquisadores da Universidade Simon Fraser (Canadá); o grupo construiu instalações similares às do experimento original e outras com determinadas modificações.

Utilizaram dispositivos de autoadministração de drogas similares aos da experiência dos anos 1950. A substância escolhida foi a morfina.

Reconstruíram as gaiolas pequenas nas quais os ratos ficariam isolados, sem nenhum contato entre si, tal como na experiência anterior.

Mas também construíram uma gaiola bem grande, com elementos para a diversão e o bem-estar de vários ratos que estariam juntos num mesmo lugar.

Na gaiola maior, batizada por seus criadores de "Parque dos Ratos", os roedores poderiam saltar, brincar, brigar, acasalar e interagir entre si.

Era um paraíso para os ratos no qual, além disso, eles teriam a possibilidade de consumir drogas.

Depois de vários dias, e de adaptar as condições do experimento para que fossem colhidas provas científicas, os pesquisadores assistiram a um fenômeno inesperado.

O consumo de drogas nos ratos que habitavam as gaiolas individuais, sem contato entre si, aumentou com o decorrer dos dias e os ratos mostraram um comportamento similar ao observado no estudo dos anos 1950.

Porém, os animais do "Parque dos Ratos" não mostravam a mesma compulsão ao consumo de drogas que seus congêneres. Ao contrário, manifestavam pouco apetite pelas drogas e sua conduta era notoriamente diferente da dos outros.

---

[89]. Psicólogo, professor e pesquisador nascido no Canadá em 1939. Importante autor de obras sobre a adição.

Os cientistas comprovaram que não são as drogas que despertam o demônio do consumo mortal.

Ambos os grupos de ratos tinham à disposição as mesmas drogas. Mas aqueles que estavam num estado de semiliberdade e podiam interagir entre si pareceram não necessitar da embriaguez oferecida pela morfina.

Uma das conclusões a que chegaram Alexander e sua equipe foi a de que não é a substância que provoca a adição, mas as condições em que o sujeito está imerso.

— Não é a droga. É a gaiola – sentenciou o pesquisador.

Alexander afirma: "Os seres humanos só se tornam dependentes das drogas quando não conseguem encontrar algo melhor pelo que viver e quando necessitam desesperadamente preencher o vazio que ameaça destruí-los".

As pessoas não são intrinsecamente propensas à adição, ao excesso e/ou à autodestruição.

Quando estamos diante de um adicto, tendemos a ver sua realidade como consequência de seu consumo de drogas, e partindo da ideia de que estas lhe atrapalham o arbítrio e destroem a vida.

Olhando dessa perspectiva, é natural que a reação seja tirar a droga da vida das pessoas.

Mas, quando somos compelidos a ver as drogas e seus consumidores à luz desse novo entendimento, tudo muda. Elas aparecem como uma resposta. Como um remédio. Como uma tentativa de tornar mais suportável o insuportável.

Nos ratos do experimento de Alexander, as drogas foram acessadas quando a solidão e o isolamento se mostraram intoleráveis.

Assim, a adição não seria o que de pior pode acontecer a um indivíduo. Talvez seja o melhor naquele momento de sua vida. O melhor que consegue agora.

Raras vezes nos perguntamos como seria a vida de um adicto sem as drogas, porque partimos do princípio de que elas destroem sua vida. E, se é algo que destrói, é o causador de todos os males.

A alternativa à adição pode ser uma vida plena e feliz, mas também pode ser a depressão, o isolamento ou a morte.

Acredito que muitas pessoas cometem suicídio porque não conseguem desenvolver uma adição.

Nós, que trabalhamos na reabilitação de adictos, conhecemos vários casos de pacientes que, depois de longos períodos de abstinência, tiraram a própria vida.

Porque a adição também pode ser uma maneira de continuar com vida.

E é "adição", no singular. Embora por muitos anos eu tenha usado o termo no plural, hoje entendo que a adição é uma só: uma maneira de sobreviver e de relacionar-se que se expressa em um vínculo de dependência a distintas substâncias, condutas e pessoas.

Muitos autores dão à palavra "adicto" vários significados, descrevendo pessoas que se comportam como escravas, submissas, devedoras e como aquelas que "não dizem". Esse último é o significado mais comum para definir um adicto. Alguém que não diz o que acontece com ele.

No entanto, uma característica comum nos adictos é a verborragia. Falam muito. Falam de tudo. Especialmente falam do que acreditam que nós, profissionais de saúde, queremos ouvir.

Hoje me pergunto se o adicto não fala ou se nós não escutamos.

Ou talvez não lhes convidemos a falar de outro assunto que não da droga.

As pessoas que rodeiam um adicto e tentam ajudar só dão atenção à droga e a tudo que envolve esse consumo. O aspecto "erótico" ao qual me referi anteriormente.

Para que o adicto pudesse falar do que é importante, seria bom olhar além da substância consumida ou do comportamento exercido. Talvez o adicto não fale porque nós não ouvimos nem vemos além das drogas.

Estou convencido de que o menos importante é seu consumo de drogas. Embora isso lhes gere muitos problemas, não é *o* problema.

Gabor Maté[90] sugere que a origem da adição possa estar na infância das pessoas. Ele afirma: "Nem todas as adições têm origem no abuso ou no trauma, mas acredito que estejam relacionadas com experiências dolorosas".

Acho curiosa uma frase que alguns profissionais costumam dizer a seus pacientes adictos:

— Você se droga porque não quer viver.

Ou alguns enfoques que li sobre a adição, dizendo que ela é uma espécie de "suicídio em etapas".

Talvez seja o oposto.

O dependente químico se aferra à vida usando espinhos. Uma tábua de salvação cheia de espinhos.

Espinhos que ferem. Que lhe dificultam a vida.

Mas que, no fim, são uma tábua de salvação.

Eu jamais tiraria a tábua que permite flutuar aqueles que "naufragam" na dor e na desesperança.

Aproximar-me-ia respeitosamente, honrando a ele e a sua tábua.

Eu o ajudaria a atravessar suas tempestades.

Convidaria suas referências afetivas (companheiro, filhos e outros) a nos acompanhar nessa travessia.

Apoiados em sua experiência de navegação e nas fortalezas que ele desenvolvesse durante o trajeto, procuraríamos terra firme para desembarcar e começar uma nova etapa.

Depois, com respeito e agradecimento, eu o ajudaria a soltar a tábua. Agradecendo a ela por nada menos do que ter-lhe permitido chegar com vida à terra firme.

---

90. Médico e escritor húngaro-canadense nascido em 1944, é autor de vários livros. Especializou-se no estudo e no tratamento da adição.

Epílogo

Há alguns anos, um amigo argentino que se dedicava ao marketing presenteou-me com uma frase que me orienta e acompanha no meu caminho como docente: "Quando quero aprender algo, dou um curso".

Escrever este livro foi uma experiência única, e eu o considero parte do meu processo de aprendizagem.

Ajudou-me a sistematizar ideias, procurar novos conhecimentos e reformular conceitos graças a alguns colegas que fizeram a gentileza de ler seu rascunho.

Acredito que algumas das certezas que afirmo nas páginas anteriores hoje não serão tão certeiras para mim. Ou talvez sim.

No início, esta obra foi composta por artigos que publiquei em diversas revistas e jornais uruguaios, bem como em sites.

Sendo eu novato no mercado editorial, e sendo esta minha primeira experiência de publicar em outro idioma, agradeço profundamente à Summus Editorial pelo risco e pela confiança. Um agradecimento de coração à editora deste livro, Soraia Bini Cury, por seu maravilhoso trabalho e pelo respeito, paciência e carinho que ela envidou para tornar esta obra realidade.

Obrigado a Pedro Dalton, artista talentoso, um dos pioneiros do rock uruguaio e alguém a quem estou conhecendo. Obrigado por sua generosidade ao ceder-me seus desenhos e por transformar em arte as ideias que tento traduzir neste livro.

Agradeço à minha esposa, Maria José, por seu constante apoio a essa fase da minha carreira e ao meu desenvolvimento profissional.

A meus filhos, Thiago e Sasha, pelo amor, pela paciência e pelos aportes que deram a este livro.

À minha querida colega e amiga Norma Martínez, por seu apoio e companhia nesse caminho de transmitir uma visão diferente sobre as drogas e a adição.

Muito obrigado, Dardo, por sua generosidade e sua presença constante.

A meus alunos dos cursos, seminários e oficinas que ministro há muitos anos, em distintos pontos do Uruguai e em outros países.

A Claudia, Mariana, Mariela, Sabastián e Noelea, com quem levamos adiante o Sivida em Paysandú. E também aos que fizeram parte da organização desde o começo.

Agradeço a generosidade de colegas e amigos que leram o rascunho deste livro e o enriqueceram.

Agradeço a meus avós, a meus pais a aos fregueses do El Múnich por permitir-me "viver" sua vida e por despertar em mim a paixão pelo humano.

E agradeço a você, que chegou ao fim destes escritos.

Outro agradecimento vai aos comentários, aportes e sugestões que as pessoas me transmitem pessoalmente, pelas redes sociais ou por quaisquer outros meios.

Meu caminho de aprendizagem continua com você, com suas palavras e com o respeito e o carinho sem os quais não é possível aprender a verdade.

Referências

AMERICAN PSYCHIATRIC ASSOCIATION. *Manual diagnóstico e estatístico de transtornos mentais – DSM-5*. São Paulo: Artmed, 2014.
ARAUJO, A. M. (org.). *Impactos del desempleo – Transformaciones en la subjetividad*. Montevidéu: Argos, 2002.
BARRÁN, J. P. *Historia de la sensibilidad en el Uruguay*. Montevidéu: Banda Oriental, 2011.
BAUMAN, Z. *Medo líquido*. Rio de Janeiro: Zahar, 2008.
BINDERMAN, M. "El tema de la responsabilidad en terapia de la Gestalt". In: LAFARGA, J.; GÓMEZ DEL CAMPO, J. (orgs.). *Desarrollo del potencial humano – Aportaciones de una psicología humanista*. México: Trillas, 1978, p. 71-73.
BUCAY, J. *De la autoestima al egoísmo*. Buenos Aires: Nuevo Extremo, 1999.
CIORNAI, S. "Um olhar gestáltico para adições: conexões e desconexões". In: FRAZÃO, L. M. *Questões do humano na contemporaneidade – Olhares gestálticos*. São Paulo: Summus, 2017.
CAMPODÓNICO, M. A. *Carlitos Páez: mi segunda cordillera*. Montevidéu: Linardi y Risso, 2011.
CANAL 10. Subrayado HD. "Breccia: Cuando fumé marihuana sentí paz" [Archivo de video]. 21 jun. 2012. Disponível em: <https://www.youtube.com/watch?v=FYGQGFXwXHA>. Acesso em: 2 dez. 2018.
COMISIÓN INTERINSTITUCIONAL NACIONAL DE DROGAS/JUNTA NACIONAL DE DROGAS/ADMINISTRACIÓN NACIONAL DE EDUCACIÓN PÚBLICA-DIRECCIÓN DE DERECHOS HUMANOS DEL CONSEJO DIRECTIVO CENTRAL. *Los usos de drogas y su abordaje en la Educación*. Montevidéu: CIND/JND/Anep-Codicen, 2009.
CORCHS, A. *La unión de la familia – El regreso de los hijos de la tierra*. Málaga: Sirio, 2008.
DAHLKE, R.; DETHLEFSEN, T. *A doença como caminho*. São Paulo: Pensamento, 1992.
DANIS, D. *El entorno del adicto – La codependencia y sus trampas*. Buenos Aires: Paidós, 2016.
EL OBSERVADOR, (12/12/2013). "ONU eleva el tono: actitud de Uruguay en marihuana es propia de 'piratas'". Disponível em: <https://www.elobservador.com.uy/onu-eleva-el-tono-actitud-de-uruguay-marihuana-es-propia-piratas-n267322>. Acesso em: 3 dez. 2018.
ESCOHOTADO, A. *Historia general de las drogas*. Barcelona: Espasa, 1989.
FORSELLEDO, A. G. *Uso indebido de drogas, derechos del niño y políticas públicas para la prevención*. Montevidéu: IIN/OEA, 200022.
GALEANO, E. *O livro dos abraços*. Porto Alegrre: L&PM, 1989.
GARCÍA, M. *El tango y la droga*. Montevidéu: Estuario, 2011.

García Lozano, J. "Actitud en Terapia Gestalt con drogodependientes". *Revista Información Psicológica*, n. 74, 2000.

Guerreschi, C. *Las nuevas adicciones: internet, trabajo, sexo, teléfono celular, compras*. Buenos Aires: Lumen, 2007.

Hari, J. *Na fissura – Uma história do fracasso no combate às drogas*. São Paulo: Companhia das Letras, 2018

Huete, A. *Un lugar en el mundo*. Dissertação apresentada à Asociación Española de Terapia Gestalt: Albacete: AETG, 2012.

Huxley, A. *Admirável mundo novo*. São Paulo: Biblioteca Azul, 2014.

Jamison, B. "Hooked online: how to keep internet surfing from becoming a addiction". *WebMDHealth*, 2000.

Junta Nacional de Drogas. "Autoconstrucción – Desafíos y particularidades en programas de prevención laboral de drogodependientes". Montevidéu, JND, 2011.

_____. VI. Encuesta Nacional de Hogares sobre Consumo de Drogas – Informe de investigación. Montevidéu: OUD/JND, 2016. Disponível em: <https://www.gub.uy/jnd/comunicacion/publicaciones/vi-encuesta-nacional-en-hogares-sobre-consumo-de-drogas-2016>. Acesso em: 3 dez. 2018.

"Lethal doses of water, caffeine and alcohol". *Compound Interest*, 27 jul. 2014. Disponível em: <www.compoundchem.com/2014/07/27/lethaldoses/>. Acesso em: 3 dez. 2018.

Liddell, H. G.; Scott, R. *A Greek-English lexicon*. Oxford: Clarendon Press, 1968.

Markel, H. *An anatomy of addiction: Sigmund Freud, William Halsted, and the miracle drug, cocaine*. Nova York: Vintage, 2012.

Martín, A. "Apoyo y confrontación". *Gestalt – Boletín de la AETG*, n. 19, 1999, p. 12-16.

Mastrolorenzo, B. "L'era del cyber: le relazioni ai giorni nostri". *State of Mind*, 10 jan. 2018. Disponível em: <http://www.stateofmind.it/2018/01/era-tecnologia-oggi/>. Acesso em: 3 dez. 2018.

Mora, M. "Benedicto XVI: 'El sida no se resuelve con preservativos'". *El País*, 17 mar. 2009. Disponível em: <https://elpais.com/internacional/2009/03/17/actualidad/1237244407_850215.html>. Acesso em: 3 dez. 2018.

Morales Calatayud, F. *Introducción al estudio de la psicología de la salud*. Madri: Paidós, 1999.

Naranjo, C. *La vieja y novísima Gestalt – Actitud y práctica de un experiencialismo ateórico*. Santiago: Cuatro Vientos, 1990.

_____. *Gestalt de vanguardia*. Barcelona: La Llave, 2013.

Organização dos Estados Americanos. *El informe de drogas de la OEA – 16 meses de debates y consensos*. Cidade da Guatemala: OEA, 2014. Disponível em: <https://www.oas.org/docs/publications/layoutpubgagdrogas--esp-29-9.pdf>.

Organización de los Estados Americanos/Comisión Interamericana para el Control del Abuso de Drogas. *Las políticas de reducción de riesgos y daños asociados al consumo de drogas en Uruguay*. Washington:

OEA/Cicad, 2003. Disponível em: http://www.oas.org/cicaddocs/document.aspx?Id=397>. Acesso em: 2 dez. 2018.

ONUSIDA. "Hoja informativa – Últimas estadísticas sobre el estado de la epidemia de sida". 2018. Disponível em: <http://www.unaids.org/es/resources/campaigns/2014/2014gapreport/factsheet>. Acesso em: 3 dez. 2018.

ORGANIZAÇÃO MUNDIAL DA SAÚDE. *Glossário de álcool e drogas*. Brasília: Secretaria Nacional de Políticas sobre Drogas, 2010. Disponível em: <https://docplayer.com.br/6336563-Glossario-de-alcool-e-drogas.html>. Acesso em: 18 dez. 2018.

ORIOL, R. "Políticas de drogas: prevención, participación y reducción del daño". *Salud Colectiva*, v. 4, n. 3, set.-dez. 2008. Disponível em: <http://www.scielo.org.ar/scielo.php?script=sci_arttext&pid=S1851-82652008000300004>. Acesso em: 3 dez. 2018.

PERLS, F. *Ego, fome e agressão – Uma revisão da teoria e do método de Freud*. São Paulo: Summus, 2002.

PROGRAMA DE COOPERACIÓN ENTRE AMÉRICA LATINA Y LA UNIÓN EUROPEA EN POLÍTICAS SOBRE DROGAS (COPOLAD)/ENTIDAD DE COORDINACIÓN Y EJECUCIÓN (ECE). *El análisis de los medios de ida y desarrollo alternativo. Estudio de necesidades en zonas de cultivo de drogas: manual para el análisis de bases de subsistencia y para la evaluación de resultados*. Madri: ECE-Copolad, 2012.

REAGAN, R. "CNN: 1986: Nancy Reagan's 'Just say no' campaign". *CNN*, 28 fev. 2011. Disponível em: <www.youtube.com/watch?v=lQXgVM30mIY&feature=youtu.be>. Acesso em: 18 dez. 2018.

RODRÍGUEZ PIEDRABUENA, J. A. *¿Por qué nos drogamos?* Madri: Biblioteca Nueva, 1996.

ROMANÍ, O. *Las drogas – Sueños y razones*. Barcelona: Ariel, 1999.

RUIZ-OLIVARES, M. R. "¿Y tú, cómo te lo montas? Consumo de drogas en adolescentes". In: ORTEGA, R.; DEL REY, R.; ROJAS, P. (orgs.). *Ser adolescente: riesgos y oportunidades*. Córdoba: Unigraf, 2010.

SHAEFFER, B. *¿Es amor o es adicción?* Buenos Aires: Apóstrofe, 1998.

SCHNACKE, A. *Sonia, te envío los cuadernos café – Apuntes de terapia gestáltica*. Santiago: Estaciones, 1993.

_____. *Los diálogos del cuerpo. Un enfoque holístico de la salud y la enfermedad*. Santiago: Cuatro Vientos, 1995.

SINAY, S. *Elogio de la responsabilidad*. Buenos Aires: Del Nuevo Extremo, 2008.

SPANGENBERG, A. *Conversaciones con una mariposa*. Montevidéu: Cruz del Sur, 2010a.

_____. *Terapia Gestalt: un camino de vuelta a casa*. Montevidéu: Purificación, 2010b.

VIDART, D. *Marihuana, la flor del cáñamo – Un alegato contra el poder*. Montevidéu: Ediciones B, 2014.

ZINBERG, N. E. *Drug, set and setting: the basis of controlled intoxicant use*. New Yale: Yale University Press, 1984.

WATTS, A. *El camino del tao*. Barcelona: Kairós, 1976.

www.gruposummus.com.br

IMPRESSO NA
sumago gráfica editorial ltda
rua itauna, 789 vila maria
02111-031 são paulo   sp
tel e fax 11 **2955 5636**
sumago@sumago.com.br